Robert Jarowoy

Mit Geduld und Energie, irgendwann und irgendwie...

Geschichten und Märchen aus der Isolierhaft

Verlag Association GmbH

Dieser Band im Gefängnis geschriebener Geschichten und Gedichte ist denjenigen gewidmet, die mir zum Überleben verhalfen. Insbesondere:

>Michail Bakunin
>Carel Bogdan-Michalov
>Fjodor Dostojewski
>Reiner Elfferding
>Christoph Engler
>Silvia Hallensleben
>Concordia Jarowoy
>Roland Kern
>Irene Lehmann
>Victor Pfaff
>Wernfried Reimers
>Fritz Teufel

>>Hamburg im Sommer 78
>>Robert Jarowoy

Verlag ASSOCIATION GmbH & Co.
Große Brunnenstr. 125
2000 Hamburg 50
Alle Rechte vorbehalten
1. Auflage, Oktober 1978
ISBN: 3-88032-077-2
Druck: H. Ahlbrecht, Göttingen

Ihnen, Herr von Staatsgewalten

Ihnen, Herr von Staatsgewalten,
    nicht etwa, weil sie Geldsacks Beute
     — ja sowieso nach altem deutschen Recht
    und übrigens auch gar nicht schlecht —
    verwalten und vor Räubern schützen
    und — das ist mir aber gleich —
    für gutgetane Schergenpflicht
    wohl auch so manch klein Scherflein fein
    daraus erhalten und für sich benützen,

        sowie

Ihnen, Meister Machtverrichter,
    nicht etwa, weil Sie arme Leute
    ja sowieso ganz bieder und mit Eid und Schwur
    nach guten deutschen Paragraphen nur —
    zum Nutzen und Frommen der Reichen
    als toller Gleichheitslügendichter
    um ihrer Not, todbringend hart bestrafen
    und — das ist mir aber gleich —
    dabei erst recht zu kurz nicht kommen,

        also Ihnen

tue ich —
    Aktenzeichen / Strich:
    Staatsverhetzer — Herrschaftsketzer
    Machtzersetzer — Zähnefletscher
    Rechtsverletzer — Messerwetzer

kund,

daß ich
   — durchaus im Bewußtsein,
   geschlagen
   und ziemlich allein
   zur Ohnmacht
   verdammt
   verblieben zu sein,
   ferner im Wissen,
   ausgelacht und eingemacht
   noch weitere Niederlagen
   ertragen zu müssen —

Mich
Ihnen
Niemals
Beugen
Werde.

Und zwar weil,
weil nämlich,
weil die Sonne noch scheint
und die Vögel noch fliegen
und die Blumen noch blühen
und die Menschen
in Liebe für Liebe
sich schaffen.
Frei, um Sich Selbst in Allen zu sein.

Deswegen nur.

INHALT

Ihnen, Herr von Staatsgewalten	5
Der Tod des Anarchisten	7
Knast-Syndrom	14
Verbrecherliebe, eine Gefangenenmär für die vergewaltigten Männer und Frauen	16
Eine frei nach dem Leben gedichtete Fabel von Robert	26
Verhandlungsfähigkeit	29
Zellenzacker	31
Impressionen von nem Prozeß	33
Von wegen Sadisten	39
Anarcho kommt zurück	40
Humane Untersuchungshaft	46
Zynthia	48
Für die Genossen im Knast	55
Schwarze Strümpfe	56
Lied der Seehunde im Zoo	61
Der Fischmann und die Flußjungfrau	62
Mein Lied für Dich	79
Die Partisanin	80
Boy's Dream	90
Einstweilen ist es allerdings noch ziemlich finster und kalt	91
Die Anarchistin	99
Jenny	105
Boogie-Baby und Berufsverbote	110
Strandhafer	111
Rigoberts des Tollen Coup	117
Fischgeschmack — eine impressionistische Desillusion	122
Quinzor	134
Die Zelle	138

Der Tod des Anarchisten

für Sjuschka

Unlängst traf ich gelegentlich einer Promenade meine alte Klassenkameradin Rita. Sie war ziemlich schwanger und hatte einen Gatten an der Hand. In der neunten Klasse — es mag auch die zehnte gewesen sein — saßen wir nebeneinander. Ihr Gatte ist Lehrer, sie Lehrerin. Sie war talentiert für mathematische Theoreme und hat mich zuweilen abschreiben lassen.

Wie wir nun so miteinander schwätzten, kamen wir natürlich auch auf Didi zu sprechen. „Ja," sagte ich, „was mag wohl aus der guten alten Didi geworden sein." — „Ach die," entgegnete sie mit gerunzelter Stirn, „die ist recht eigenartig, könnte man sagen. Sie hat einen Pavillon erworben und haust dort mit einem kränklichen Wesen. Ich blick da nicht durch, mir erscheint das suspekt." — „Wenn nicht gar kriminell," ergänzte ihr Ehegespons. Schlagartig erwachte meine angeborene Neugier, und ich rief: „Wieso? Inwiefern? Heb an, erklär dich!" Da jedoch kam ihr Omnibus, und sie und der Typ mußten weg. „Weißt du, geh doch selbst einfach hin," sagte sie rasch, nannte mir noch die Straße, die Nummer, „und ruf mich dann an." — „Meyer-Klockmann, gibt's nur einmal im Telefonbuch," fügt der Gatte mit stolzem Augenzwinkern hinzu.

Nun, es ging erst auf fünf zu, und ich dachte mir, was willst du's lange verschieben, machst dich am besten gleich auf die Strümpfe. Gesagt, getan. Ich betrat ein am Wege gelegenes Spirituosengeschäft und kaufte, da mir Didis kommunistische Einstellung noch gut in Erinnerung war, eine Flasche Wodka Moskaja. Dann winkte ich eine Droschke heran, und ab ging die Post.

Es war eine Gartenvorstadt, in der sich landläufiger Meinung zufolge die Füchse gute Nacht sagen. So jedenfalls lautet der Ausdruck, in Wirklichkeit heißt dies nichts anderes, als daß es sich um eine abseitige Gegend handelt.

Ich schritt schnurstracks auf den Pavillon zu. Es war eine Art Laube aus Holz, und sie schien mir gewissermaßen baufällig zu sein. Als ich die Klingel betätigte, erfolgte gar nichts, sie war nämlich abgestellt oder defekt und klingelte nicht. Ich öffnete dennoch die Tür und stand in einer Diele. Rechts war eine Tür und links auch eine. Geradeaus hingegen befand sich eine

Portiere aus Perlenschnüren. Ich steckte behutsam meinen Kopf hindurch und sah einen Raum, der fast kahl war. Ein paar Matratzen lagen herum, ein Plattenspieler, etwas Teegeschirr, einige alte Folianten. Es war jedoch hell, denn die Abendsonne schien schräg durch ein großes Fenster herein. Anfangs war ich geblendet, dann bemerkte ich eine gardinenverhangene Terrassentür. Diese führte auf eine Loggia. Dort saß ein in Decken gehüllter Mann im Schaukelstuhl. Seitlich begrenzt war der Platz durch zwei Pergolen, um die sich wilde Weinreben rankten. Nach vorne hinaus ging er in einen langgestreckten Bauerngarten über.

Ich stieß die Tür auf und begrüßte den Mann. Ein bärtiger Mensch mit fiebrig irrsinnigem Blick. Später sagte mir Didi, daß er Dostojewskij verehre. Dies erklärte mir manches. Er zuckte schreckhaft zusammen, sah mich mißtrauisch an und wies auf die Beine. „Ich bin ohnehin schon gelähmt. Was wollen Sie hier?" Ich brachte ihm zartfühlig mein Bedauern zum Ausdruck und erklärte mein Begehr, von wegen Didi und so. „Didi gräbt im Garten," sagte er ausgesprochen moros. „gehen Sie ruhig auf die Suche. Sie werden sie finden, das Land ist nicht groß." Ich folgte mit dem Auge seinem ausgestreckten Zeigefinger und erblickte am rückwärtigen Gartenzaun eine Frau mit einem Kopftuch und einem Spaten. Sie grub. Ich ging hin. Neben der Abfallgrube blieb ich stehen und rief: „Hallo Didi, ich bin's, der Robert, ich hab dir Wodka mitgebracht." Sie drehte sich um und sah auf. Sie hatte sich kaum verändert, lediglich ihr Blick war ein bißchen verbrämter geworden. Sie indes schien mich nur sukzessiv zu erkennen. Schließlich lächelte sie jedoch und sagte sanft, „ach Du bist's, der Robert, ja nun, das ist schön, setz Dich her." Tatsächlich gab es weder weit und breit eine Bank noch überhaupt eine Sitzgelegenheit, aber ich wollte nicht unhöflich sein und hockte mich folgsam in die frische Ackerung. Es war ein wenig erdig und naß. Sie ihrerseits blieb, auf den Spaten gelehnt, einfach stehen; ich kam mir ziemlich blödsinnig vor. „Hier wohnst du also", knüpfte ich geschickt ein Gespräch an. Sie nickte. „Du bist wohl viel an der frischen Luft?" — „Naja, jetzt wo die Saatzeit ist... Ich habe Karotten gepflanzt." — „Du bist makrobiotisch, biologisch-dynamisch, alternativ" — „Nein, keine Spur, wie kommst Du denn darauf?" — „Ach, nur so, willst Du Wodka?" — „Gern." Ich drehte die Flasche auf und reichte sie ihr. Sie nahm einen Schluck und schüttelte sich. Ich schmunzelte. „Was ist denn das für ein Freak da vorne im Stuhl?" — „Das ist kein Freak," sagte sie ernst, „das ist mein Geliebter." — „So so, das freut mich von Herzen, aber sag mal, was hat es denn auf sich mit ihm, er schien mir befremdlich." — „Er stirbt." — „Wann denn?" fragte ich besorgt. Sie zuckte die Achseln. „Ein großer Verlust für Dich! Ein schwerer Schlag, ein tiefer Schmerz!" Sie erwiderte nichts, und wir schwiegen. Ich wollte mir gerade auch etwas Wodka einflößen, als ich einen derben Tritt in die Rippen bekam und über den rechten Rist der Länge nach hinschlug. Voll in den Dreck. Ich rappelte mich jedoch schnell wieder auf und sah diesen Typ mit der Flasche unter dem Arm dem Haus zueilen. „Das ist doch der Gipfel!" rief ich empört, „er hat mir gesagt, er wäre gelähmt!" Didi klopfte mir die Erde von den Rockschößen ab und sagte entschuldigend: „Ja, manchmal ist er sehr ungestüm, aber nur, wenn Fremde im Haus sind, das macht ihm Angst. Sonst ist er zärtlich und lieb." — „kein Rechtfertigungsgrund!" rief ich erbost, „sein Benehmen war schändlich!" — „Ja," sagt Didi, „das wird wohl stimmen, denn alle sagen es, aber er ist todeswund, und Du brauchtest schließlich nicht zu uns zu kommen." — „Na gut," unterbrach ich sie, „ist gebongt, aber, was soll denn das heißen, todeswund, der scheint mir eher quietschfidel." — „Das trügt. Er war im Gefängnis, hundert Jahre lang, es gibt keine Rettung für ihn, er ist gelähmt." — „Aha!" Na, ich dachte mir meinen Teil, aber ich sagte vorläufig nichts. Stattdessen bückte ich mich, nahm eine Erdbeere zur Hand, biß einen Teil davon ab und sagte: „Oh, delikat!" Und dann: „Du arbeitest wohl nicht?" Sie wies auf den Spaten und fragte, ob dies nicht Arbeit sei. „Und er?" — „Im Gefängnis hat er viel gelesen, Dostojewskij und so. Jetzt ist er zu schwach." — „Aber etwas muß er doch tun!" rief ich verwundert. „Er kann doch nicht den ganzen Tag im Lehnstuhl sitzen und Dir beim Umgraben zusehen." Sie runzelte die Stirn und sagte: „Du kommst hier an wie die Polizei. Aber damit Du keine Unruhe hast, ich liebe ihn, und er liebt mich, ist das nicht schon viel für einen, der stirbt? Doch laß uns jetzt ins Haus gehen, es wird langsam kühl, und Timon braucht seinen Tee."

Wir gingen gemächlichen Schrittes zurück. Sie mit dem Spaten, ich in Gedanken. Unterwegs las sie einen Kohlkopf vom

Erdboden auf. Es war Rotkohl. „Ich schnetzele den zum Salat,"
erklärte sie mir. „Man kann Majoran, eine Prise Thymian, etwas
Dill sowie Fenchel dazu tun, mit Essig und Öl schmeckt es gut.
Natürlich noch Pfeffer, Zucker und Salz." — „Ich nahm an,"
warf ich ein, „ihr äßet Fliegenpilz und Bilsenkraut, womöglich
Fingerhut-Häcksel." — „Nein," sagte sie, „das nicht."

Jener Timon saß derweil wieder genau wie zuvor auf seinem Stuhl, schaukelnd, in Decken gehüllt, geistig entrückt. Als er mich bemerkte, zog er die Augenbrauen zusammen und warf mir einen finsteren Blick zu. „Wir gehen jetzt rein," sagte Didi, „kommen Sie mit, oder bleiben Sie noch?" Er stand auf, küßte ihr mit einer leichten Verbeugung die Hand, legte ihr eine Decke um die Schultern, griff nach einem an die Pergola gelehnten Krückstock und humpelte an diesem zur Tür hinein. Didi voran, ich hinterher. Drinnen war es schon nahezu duster. Didi ging in einen der vorderen Räume, um Tee zu kochen, der Typ schmiß sich ächzend auf eine Matratze und blieb regungslos liegen. Ich stand unschlüssig herum und fragte ihn schließlich, ob man nicht Licht machen könne oder Musik. Er antwortete nicht. Ich wiederholte meine Frage. „Es gibt kein Licht hier und keine Musik, Sie!" — „Aber," wandte ich ein, „da steht doch ein Plattenspieler." — „Es gibt nur morgens um sieben eine Viertelstunde Strom zum Rasieren. Meistens verschlafe ich das, daher der Bart." Ich setzte mich hin und überlegte, ob er klinisch debil oder ausgeflippt sei. Weit kam ich aber nicht mit meinen Gedanken, denn unvermutet traf mich der gleißende Strahl einer Taschenlampe. Er fuhrwerkte mir damit eine Weile über's Gesicht und sagte, als ich schützend die Hände vor die Augen hob, „aha, Sie leben noch, das haben wir gern." Dann war es wieder dunkel und still. Nach einer Weile kam Didi mit einem Teekessel herein. Sie nahm eine der herumstehenden Tassen, füllte sie und gab sie ihrem Geliebten. Ich assoziierte jene Teegesellschaft vom Hutmacher und Märzhasen, aber ich nahm mir auch eine Tasse — sie war klebrig und hatte keine Henkel —, griff zum Kessel, und gerade, als ich den Strahl in der Dunkelheit glücklich in die Tasse gelenkt hatte, blitzte wieder diese Taschenlampe auf. Mir direkt ins Gesicht. Vor Schreck schüttete ich mir den nahezu siedenden Tee über die Hand und schrie auf. Didi sagte nichts dazu; nach einiger Zeit fragte ich sie, ob sie wohl Brandsalbe besäße. Sie schüttelte den Kopf, es täte ihr schrecklich leid und ob sich denn Blasen bildeten. „Weiß nicht," sagte ich barsch, „kann ja nichts sehen." — „Soll ich Licht machen?" — „Ich denke, Ihr habt keinen Strom." — „Das stimmt, den haben sie uns abgestellt, aber letztens fand ich eine Petroleum-Laterne am Bau. Sie brennt gleichmäßig und hell." —„Naja, dann mach sie mal an, das wäre vielleicht ganz nützlich." Sie reagierte aber nicht mehr, und es geschah überhaupt nichts, wenigstens eine Stunde lang. Ich argwöhnte schon, daß die beiden eingeschlafen wären, und wollte mich behutsam verdrücken, da begann der Typ plötzlich mit einer gehetzten Stimme und in gehackten Sätzen zu erzählen...

„Es war ein Königreich. Und es gab einen König. Eine Prinzessin von fern, die wollte er heiraten, sollte Königin werden. Sie aber sagte, ja, will Königin werden, brauche jedoch ein Geschenk. Es sind die Matratzen neu zu stopfen mit Bärten von Greisen, sonst mir zu hart, bin empfindlicher noch als die mit der Erbse. König sagte, klar, wird gemacht, Minister her, Befehl, alle Greise einsperren und scheren den Bart für Matratzen. Nun aber Sitte im Land, daß alle Männer haben Bart, sofern frei sind, nur Sklaven leben ohne Bart, und Sklaverei war abgeschafft und wurde streng geahndet. Minister gab zu bedenken, große Provokation, gewagte Sache, wer weiß, wo das endet, womöglich Revolution. Aber, schrie König, Prinzessin empfindlich, will Matratze aus Bart, ist Hochzeitsgeschenk, und mein ist die Macht. Minister war listig wie Fuchs und Odysseus zusammen, Minister schlug vor, werden nehmen Schamhaar der Mädchen, ist weicher und gibt ein großes Gaudi bei Häschern und Volk. Der König gluckste und juxte und fragte Prinzessin, ob recht. Ist recht, sagte diese, und große Hetzjagd begann. Alle hatten viel Spaß, nur kleine Mädchen nicht, aber sie hatten keinen, der sie beschützte, denn Väter und Brüder, alle machten mit bei der Jagd. Man trieb die Mädchen ins Fußballstadion bei Königspalast, und öffentlich, auf Bühne mit Scheinwerfer, wurde die Schur zelebriert. König höchstpersönlich gab Startschuß, Minister hielt Rede. Und der, den sie zum Scheren ausgesucht hatten, hieß Kasimir, seines Zeichens ein Bader. Er ließ das Messer im Licht blinken, und Beifall brauste, ja toste, kaum daß das erste Mädchen, nackt und in Ketten, herbeigeschleppt wurde. Kasimir setzte das Messer an, es war eine echte Gurda-Klinge, und Herold gab's mit Trompete bekannt. Im weiten Rund war es jetzt mucksmäuschenstill. Kasimir trennte das Büschel kunstvoll mit einem einzigen Schnitt glatt von der Haut und schickte sich an, es untertänigst dem König zu geben. Der nahm es in Huld, und orkanartiger Jubel erscholl. In diesem Moment jedoch packte Kasimir den König am Bart, ließ die Klinge abermals blitzen, und zack, ab war der Kopf. Entsetztes Schweigen ringsum. Der feige Meuchelmörder wollte die Gunst der Sekunde zur Flucht gebrauchen, doch dieses mißlang, man packte ihn schnell und warf ihn ins finsterste Kerkerloch. Die Prinzessin hatte an sich ja gewünscht, ihn spontan hinzurichten, aber der schlaue Minister raunte ihr zu, daß es abschreckender sei, einen Prozeß zu organisieren, sie wisse doch, je länger je lieber. Die Prinzessin sagte d'accord und fand die Sache sowieso nicht so schlecht, denn der König war ein ziemlicher Tölpel gewesen und unattraktiv. Sie hätte ihm nur des Thrones wegen Einlaß in ihren Lüstepfuhl gegeben — viel besser gefiel ihr seine Exzellenz, der Minister. Der war beglückt, nahm die heruntergefallene Krone in Obhut, kommissarisch, und bot ihr die Hand zur Verlobung. Zuvor erließ er jedoch ein Edikt zur Begehung einer allgemeinen Trauer. Und, so hieß es dort wörtlich, zur Feststellung von Kasimirs Sympathisanten sei es geboten, daß jedermann einen Nachweis seiner aufrechten Trauer erbrächte. Dieser bestünde in einem Viertelliter Tränen — wer die nach Ablauf einer dreiwöchigen Frist nicht abliefern könne, sei als Staatsfeind überführt und werde unverzüglich verhaftet. Da begann ein grosses Geschluchze im Land. Die Eltern schlugen ihre Kinder grün und blau, die Frauen wurden am Bauch gekitzelt, und die Männer schälten sich Zwiebeln zum Bier: binnen kurzem flossen die Tränen landauf landab in Strömen..."

Hier brach der Irre seine Erzählung ab und verfiel in düsteres Schweigen. Nach einiger Zeit fragte ich: „Und dann?" Aber er antwortete nicht, und ich sah, daß er zu Didi gekrochen war, oder sie zu ihm, das sei dahingestellt, jedenfalls schmusten sie miteinander und beachteten mich nicht. Schließlich wurde es mir zu dumm, und ich stand auf, um zu gehen. Da sprang der Typ auf die Füße, nahm seinen Stock und zog einen Degen heraus. Ein Mondstrahl ließ die Klinge mordlustig blitzen. Ich erbleichte und rief: „Zu Hilfe!" Er setzte mir ungerührt den Stahl an die Kehle und sagte zu Didi: „Mach ihm die Taschen leer." Sie erhob sich, als wäre das selbstverständlich, kam auf mich zu und durchsuchte mich. Sie nahm mir alles ab, nur mein Kavalierstüchlein bekam ich zurück. Ich zitterte wie Espenlaub und wagte kein Wort zu erwidern. Erst als ich, begleitet vom höhnischen Gelächter des Irren, durch den Vorhang zur Eingangstür wetzte, rief ich zurück: „Ihr Strauchdiebe, falsches Gelichter, das werdet ihr büßen!"

Nicht einmal für die Taxe blieb mir noch Geld. Ich mußte vier Stunden laufen.

Frankfurt im Knast, Dezember 77

Knast-Syndrom

Angst,
daß sie kommen,
dich kaputt zu schlagen;
Angst,
daß du zerbrichst,
nicht mehr du bist,
den Mut verlierst;
Angst,
daß die dich draußen vergessen,
die Fahne nicht mehr erheben,
die dir entglitt;
Gewissen,
daß du nicht genug tust,
dich zu erhalten,
den Willen aufgibst —
dich und die Sache verrätst,
Vorwürfe,
daß du damals
zuwenig kämpftest,
feige warst und träge;
Vorwürfe,
daß du Leute enttäuschtest,
Fehler begingst,
nichts wiedergutmachen kannst;

Verzweiflung,
daß du verfaulst,
zusehen mußt,
wie du zittrig wirst und schwach,
manchmal umfällst,
wenn du aufstehen willst,
Dinge denkst und gleich wieder vergißt,
schreckhaft zuckst,
wenn du Geräusche vernimmst,
ständig matt bist und müde,
erschöpft von der Spannung des Wartens,
daß dein Sein,
ja dein Leben dich langsam erdrückt,
daß du allein bist,
ohnmächtig und klein,
daß,
und das ganz bestimmt,
der Kampf
vor'm Sieg kein Ende mehr nimmt.

Verbrecherliebe, eine Gefangenenmär
für die vergewaltigten Männer und Frauen

Damit jetzt keine Mißverständnisse entstehen: Ich erzähle hier nicht meine Geschichte, sondern die des Türken Mehmet. Mehmet, der seine Frau erschlug und eine Gattenmörderin zur Geliebten erkor. Die Geschichte jenes Mehmet, der weder ein Türke war noch seine Frau erschlug. Jenes Mehmet, dessen Geliebte weder einen Gatten meuchelte noch je seine Geliebte war. Jenes Mehmet, dessen Mithäftling ich einst war.

Wir lagen damals ganz oben im alten Gebäude des Frankfurter Untersuchungsgefängnisses, also dort, wo der Wind so heftig durch die flimsigen Fensterrahmen pfeift, daß man in Angst und Schrecken versetzt werden kann. Jedenfalls im November, und es war November. Hier jedoch sind die Fenster — wie in jedem Gefängnis, wo es keine Sichtblenden gibt — hoch droben, direkt unter der Decke ins wuchtige Mauerwerk geschlagen, so daß man vom Wind zwar bepfiffen wird, aber nur unter allergrößten Schwierigkeiten das Panorama genießen kann. Man muß zu diesem Zweck auf den Stuhl steigen, aber das ist verboten. Dennoch, man kann es riskieren, denn der Mann im Wachtturm, der mit dem Funkgerät und der Maschinenpistole, kann nur die unteren Zellenreihen einsehen, wir aber thronten weit über ihm, und was die im Inneren des Hauses herumschleichenden und durch die Spione spähenden Patrouillen anlangt, so können sie uns alte Hasen längst nicht mehr übertölpeln. Das Ohr ist gestählt und weiß die Geräusche klar zu unterscheiden. Man lernt es, sogar aus dem größten Lärm den schweren Schritt der Bestiefelten und das feine Klirren ihrer Schlüsselbunde herauszuhören. Man kommt vielleicht aus einem kleinen anatolischen Dorf, deswegen aber noch lange nicht aus Dummsdorf.

Mehmet ist Kurde. Mir war bekannt: Karl May, Durchs wilde Kurdistan, heulende Derwische und so. Nun, viel scheint sich seither dort nicht geändert zu haben, jedenfalls nicht im türkisch besetzten Teil des Landes. Es ist eine steinige Gegend, zerklüftet und unwegsam. Das einzige, was man dort anbauen kann, ist Mohn zur Opiumgewinnung. Mehmets Vater war der reichste Mann am Ort, er besaß Maulesel und Schafe. Er baute Mohn an und konnte lesen und schreiben. Mehmet war sein ältester Sohn, und so ließ er ihn die Oberschule in Adana besuchen.

In den Sommerferien kam Mehmet in sein Heimatdorf zurück und half bei der Mohnernte. Mehmet ist ein kräftiger Mann mit schneeweißen Zähnen und blitzenden, fast schwarzen Augen. Er verbringt den größten Teil des Jahres in der Stadt und wird den Hof seines Vaters erben, wenn er nicht gar noch das Lehrerseminar besucht. Nach der Arbeit, wenn sie von den Feldern ins Dorf zurückkommen, veranstalten sie oft Feste, und Mehmet hat keinen Mangel an Mädchen, die mit ihm zu tanzen wünschen.

Die Aussicht ist hier nicht doll und lohnt die Anstrengung des Auf-den-Stuhl-Kletterns nicht. Man sieht gleich vorne vor der Außenmauer einige Lagerhallen oder dergleichen, absolut trübsinnige Bauwerke. Weiter hinaus sind dann allerlei langweilige Häuser, auch ein Hochhaus. Nachts sieht man die Lichter, aber das ist sehr wenig weltstädtisch, eher wie in Bottrop oder Wilhelmshaven. Links kann man das Betonsilo des neuen Hauptgebäudes erblicken, und nach rechts hinaus, ziemlich schräg gegenüber, bietet sich das oberste Stockwerk des Frauenknastes dem Auge. Dazwischen ragt drohend und finster die hohe Mauer mit dem Wachtturm. Die Entfernung nach drüben beträgt vielleicht fünfzig Meter. Nur wir, die wir hier ganz oben liegen, können zu den gefangenen Frauen hinübersehen. Manchmal brüllen welche, ‚hallo Mädchen, wie geht's euch', zuweilen auch Obszönitäten. Wenn der Wind gut steht, wehen abgerissene Wortfetzen zurück, ‚kommt doch rüber' oder dergleichen. Meist kommen aber nur schrill klingende Kreischtöne hier an. Außerdem werden Schreier sofort ins Hauptgebäude hinter Sichtblenden verlegt.

Dann waren die späten sechziger Jahre heraufgezogen, und in den Metropolen der Industriestaaten begannen sich die Fixerleichen zu häufen. Es mußte der Eindruck energischen Eingreifens erweckt werden, und man verkündete mit großem Getöse, daß zuerst die Mohnanbaugebiete unter Kontrolle gebracht werden müßten. In der Türkei war es zwar seit jeher verboten, ohne staatliche Genehmigung Mohn anzubauen, aber die kurdischen Bergtäler sind fern und die Beamten bestechlich, außerdem enthob das Schmuggelgeschäft die türkische Regierung der Sorge, diesen abgelegenen Gebieten eine neue Infrastruktur bescheren zu müssen. Nun wurde jedoch ein erheblicher Druck auf die Türkei ausgeübt, diesen wilden Mohnbau mit einschneidenden Maßnahmen zu unterbinden, und die Türkei brauchte Waffen gegen Griechenland und Kredite zum Bezahlen der Schulden. Überdies kam eine solche Aktion den türkischen Großgrundbesitzern nicht ungelegen, da sie auf diese Weise die lästigen Kleinkonkurrenten loswurden, denn ihre Plantagen wurden natürlich nicht zerstört, da sie sämtlichst staatlicher Kontrolle unterstanden und ausschließlich zur Belieferung der Pharmaindustrie dienten. Begleitet vom zufriedenen Gesurr der amerikanischen und europäischen Fernsehkameras wurden also die Bergtäler durchgekämmt und gesäubert — ein entscheidender Schritt im Kampf gegen den Drogenmißbrauch war geführt, das Übel war im wahrsten Sinne des Wortes an der Wurzel gepackt. Alle waren zufrieden. Die türkische Regierung, der wieder Kredite gewährt wurden, die um ihre Kinder besorgte Öffentlichkeit, die wieder Vertrauen in ihre Mächtigen setzen konnte, die türkischen Großgrundbesitzer, deren Umsatz stieg, und zuletzt auch die Dealer und Fixer, denen es ohnehin egal war, woher die Gifte kamen. Nur die kurdischen Bauern waren weniger zufrieden, denn ihnen war die Existenzgrundlage entzogen worden, und die ihnen großartig gestatteten Entschädigungen — in der Türkei ist man stolz darauf, daß weder Kurden noch Armenier diskriminiert werden — kamen entweder nie bei ihnen an oder waren so niedrig, daß sie gerade für eine Fahrkarte nach Frankfurt reichten. So kam es, daß Mehmet im Alter von sechzehn die Schule ohne Abschlußprüfung verließ und zusammen mit seinen Eltern und Geschwistern in die Bundesrepublik fuhr. Das war noch vor Beginn des Anwerbestops für türkische Arbeiter.

Eines Tages erzählte mir Mehmet dann beim Hofgang, daß er nachts nie schlafen könne, jedenfalls nicht schon, wenn das Licht ausginge, um zehn, und daß er dann immer auf dem Stuhl stünde, rauche und in die Nacht hinausschaue. Mich verwunderte das, denn es ist zugig dort oben und nicht sehr gemütlich. Aber er sagte, daß er sich eine Decke um die Schultern lege und daß ihm das Heulen des Windes nur recht sei, er träume dann, daß er zu Hause bei den Derwischen in den Bergen sitze und die anatolische Hochebene unter sich habe. Dies sei an sich schon sehr schön, aber nun habe er auch noch bemerkt, daß in dem Gebäude schräg gegenüber jemand anders gleichfalls die Nacht am verdunkelten Fenster verbringe, denn manchmal flamme ein Feuerzeug auf und jetzt, wo er genau darauf achte, könne er mitunter auch die Zigarette glimmen sehen. Das fände er sehr eigenartig. Ich lachte und fragte ihn, ob er nicht wisse, daß dort drüben der Frauenknast sei, und ob er abends, solange das Licht brenne, noch nie die Silhouetten der Gefangenen hinter den Fenstern beobachtet habe. Er verneinte dies, denn er würde immer erst nach zehn seinen Posten besteigen, und wegen der hohen Mauer hätte er angenommen, daß dahinter die Freiheit begänne.

Mehmet, der älteste Sohn eines stolzen und selbständigen Bauern, Mehmet, der vielumschwärmte Oberschüler aus einem Bergdorf im wilden Kurdistan, begann seine hiesige Laufbahn als Lagerhilfsarbeiter in einem Großbetrieb. Nach und nach arbeitete er sich vom Kehrer über die Position des Handlangers zum Gabelstaplerfahrer hinauf. Anfangs hatten sie mit der ganzen Familie in einem einzigen heruntergekommenen Zimmer bei Verwandten aus einem Nachbardorf gehaust. Aber sie fanden in jenen Zeiten der Hochkonjunktur alle sehr schnell einen Job, und da sie sparsam waren, konnten sie sich schon bald eine anständige Wohnung leisten. Dann wurde Mehmet achtzehn und mußte in die Türkei zurück, um seinen Wehrdienst abzuleisten. Als er in die Bundesrepublik zurückkam, wurde er von seiner alten Firma wieder eingestellt. Man war dort äußerst zufrieden mit ihm, denn Mehmet ist kräftig, geschickt und ein ruhiger Typ. Er hat sich weder damals noch hier im Gefängnis provozieren lassen, wenn sie ihn Kameltreiber, Kanake oder Zitronenschüttler nannten. Und er hat auch ihre Witze über seine Abneigung gegen Alkohol und Schweinefleisch ertragen, denn dieses Land und seine Menschen bedeuten ihm nichts, er wollte hier nur Geld verdienen, um eines Tages mit dem Ersparten nach Hause in sein Kurdistan fahren und sich dort eine Existenz aufbauen zu können. Das allein war ihm wichtig.

Dann erzählte er mir, daß er schon die ganze Woche ab sechs am Fenster gestanden habe, aber sie sei leider immer erst im Dunkeln erschienen. Dafür wisse er jetzt, daß sie ihn bemerke, er habe nämlich mit der Flamme vom Feuerzeug so lange Kreise in die Nacht gemalt, bis sie geantwortet habe, und nun würden sie sich immer Zeichen geben, er hätte ja schon versucht, Buchstaben in die Luft zu brennen, aber das sei leider mißlungen; ob ich vielleicht das Morsealphabeth kennte, er wolle nämlich keinesfalls riskieren, etwas hinüberzuschreien, da ihm die Vorstellung, hinter eine Sichtblende verlegt zu werden, ganz und gar unerträglich sei. Ich verstand zwar nichts von der Morserei, aber es gelang mir, jemanden ausfindig zu machen, der sich damit auskannte und uns die Symbole aufschreiben konnte. Nun war es natürlich recht unwahrscheinlich, daß sie die Zeichen verstehen würde, und so schlug ich ihm vor, mit dem SOS zu beginnen, denn wenn sie dies verstünde, was immerhin anzunehmen sei, würde sie schon darauf kommen, was er wolle, und sich das ganze Alphabeth früher oder später irgendwie zu beschaffen wissen. Und so war es dann auch. Von nun an wankte mein Freund Mehmet beim Hofgang nur noch schlaftrunken neben mir her, und mit seinen immer tiefer werdenden Schatten unter den Augen sah er aus wie einer, der Nacht für Nacht die wüstesten Orgien begeht. Bei seinem Prozeß schlief er einmal sogar regelrecht ein. Aber, auch wenn es mir schwerfällt, dieses Wort zu gebrauchen, er machte auf mich einen nahezu glücklichen Eindruck. Wenn ich ihn fragte, was im Gericht gewesen sei, sah er mich so erstaunt an, als ob ich ihn nach der Bevölkerungsdichte Australiens gefragt hätte. Wichtig war ihm allein noch, genügend Feuersteine zu bekommen und nicht verlegt zu werden. Einmal wollte er sich nach seiner Rückkehr aus dem Gericht nur einen kurzen Augenblick ausruhen, aber er schlief darüber ein und wachte erst am nächsten Morgen wieder auf. Da war er so verzweifelt, daß ich mir ernste Sorgen zu machen begann, denn wenn man die Zellen vom Wachtturm aus auch nicht einsehen kann, so war es doch gut möglich, daß einmal einer Außenpatrouille oder einem um die Staatssicherheit besorgten Anwohner die Blinkerei auffiele, und dann wäre es für alle Zeiten aus und vorbei damit.

Kurz nach seiner Rückkehr vom Militärdienst heiratete Mehmet hier in Frankfurt eine achtzehnjährige Kurdin namens Aischa. Er selbst war gerade zwanzig geworden. Sie arbeitete in einer Elektrogerätefabrik am Fließband und verdiente ebenfalls recht gut. Die beiden nahmen sich eine Zweizimmerwohnung mit Küche und Bad, schafften sich einen Fernseher, einen Kühlschrank und ein Auto an. Eigentlich wollte Mehmet dies alles nicht, da er das Geld zu sparen beabsichtigt hatte, aber er war mit der Zeit etwas träge geworden, und es lebt sich hier so bequem, wenn man seinen zwar stumpfsinnigen, mit der Zeit aber immer einfacher werdenden Job, seine fast luxuriöse Wohnung, seine hübsche junge Frau hat. Und Mehmet hatte all dies. Sie gingen abends in die Diskothek, ins Kino oder sahen fern, und sie aßen, liebten sich, und das Wasser kam warm aus dem Hahn. Außerdem war seine Frau hier aufgewachsen, und wenn sie ihm vor der Hochzeit auch versprochen hatte, beizeiten mit ihm nach Kurdistan zurückgehen zu wollen, so schien es ihr doch nicht sonderlich ernst damit zu sein. Und so lebte Mehmet dahin und wurde von Tag zu Tag unzufriedener. Er begann, Streit mit den Kollegen zu kriegen, in der Diskothek geriet er in eine wüste Schlägerei, und die Abende wurden immer langweiliger. Er hatte kein Ziel mehr, für das es sich lohnte, die tägliche Erniedrigung zu ertragen, und das war ihm auch klar, aber er war zu müde, um etwas zu ändern, außerdem stritt er sich neuerdings ohnehin schon laufend wegen nichts und wieder nichts mit der Aischa, und weil er diesen Streit haßte, wollte er keine neuen Konflikte schaffen, denn die Aischa war mit diesem ihrem Leben an sich zufrieden, und wenn sie dennoch unzufrieden war, so maß sie Mehmet die Schuld bei. Diesem Mehmet, der nicht nur an allem herumnörgelte und ewig von seinen wilden Bergen ohne Strom und fließendes Wasser redete, sondern der sich auch noch wie ein Pascha benahm und es für selbstverständlich hielt, daß sie kochte und wusch, obwohl sie doch dieselbe Arbeitszeit hatte und kaum weniger verdiente als er. Diesem Mehmet, der es ihr unter Androhung von Schlägen verbot, mit anderen Männern zu tanzen oder gar allein auszugehen. Der ihr seine Mutter als beispielhaftes Vorbild hinstellte und nicht sah, daß jene die nur zufällig nach Frankfurt verschlagene Frau eines kurdischen Bergbauern war, während seine Aischa wie eine Frankfurter Fließbandarbeiterin lebte und empfand, auch wenn sie zufällig aus Kurdistan stammte. Diesem Mehmet, der überhaupt nicht wußte, was er eigentlich wollte, und auch noch anfing, Haschisch zu rauchen. Nun gut, sie hatte nichts dagegen, bei einer Fete mal an einem kreisenden Joint zu ziehen, aber Mehmet setzte sich mit der großen Wasserpfeife vor den Fernseher und ließ sich unterdessen das Abendbrot zubereiten. Allerdings, so schlimm, wie es klingt, war es nicht, denn sie liebten sich immer noch, und wenn sie miteinander im Bett lagen, war alles gut und vergessen. Dann hing eines Tages wieder mal ein Krieg gegen Griechenland in der Luft, und Mehmet wurde zu den Waffen gerufen. Er war kein begeisterter Soldat, und er hatte nichts gegen die Griechen, aber er ging nicht ungern weg, außerdem war ihm die Armee nicht etwa verhaßt, keineswegs, man konnte in der Uniform herumspazieren und die Mädchen fragen, was für ein Kleid man ihnen aus Athen schicken solle. Natürlich, man konnte bei der Sache auch draufgehen, aber zum einen würde es vermutlich doch wieder beim Säbelgerassel bleiben, und zum anderen war Mehmet gläubiger Moslem und bestimmt kein Feigling.

‚Weißt du, Mansur,' so nannte er mich in Anspielung auf den berühmten Obereunuchen des großen Kalifen, ‚ich glaube, sie ist der beste Mensch, den ich je kennengelernt habe.' – ‚So, so,' entgegnete ich schmunzelnd, ‚weswegen behauptet sie denn im Gefängnis zu sitzen?' – ‚Sie hat einen Schurken vergiftet,' entgegnete er schlicht. ‚Hm. Naja, jeder nach seiner Facon, aber, ich meine, für so furchtbar edel halte ich das an sich nicht.' – ‚Er hat sie vergewaltigt.' Ich war erstaunt, daß ausgerechnet er das für eine Todsünde hielt, aber ich erwiderte vorläufig nichts. ‚Bist du schon mal vergewaltigt worden?' fragte er plötzlich. ‚Nein, natürlich nicht.' – ‚Ich aber, zehn Jahre lang, Tag für Tag.' – ‚Ach so, so meinst du das, naja, so gesehen, da wird ja jeder mehr oder weniger oft vergewaltigt, zumal hier im Knast.' – ‚Mag sein,' sagte er, ‚aber es werden auch viele Frauen im eigentlichen Sinne vergewaltigt und doch nicht vergewaltigt. Ich zum Beispiel habe mit der Aischa, auch wenn sie es nicht wollte, geschlafen, aber sie hat es sich letztlich immer gefallen lassen und wäre nie auf den Gedanken gekommen, mich deswegen zu vergiften oder auch nur zu verlassen, und deshalb habe ich sie auch nicht vergewaltigt.' – 'Na, vielleicht hat sie gedacht, daß es ihr Kismet ist, von dir vergewaltigt zu werden. Schließlich hast du das in den zehn Jahren doch mehr oder weniger auch gedacht.' – ‚Ich', sagte er nachdenklich, ‚habe ja auch alles falsch gemacht. Ich weiß das jetzt. Und es ist nicht Kismet, daß man sich einfach in sein Schicksal ergibt, sondern es ist Kismet, daß man kämpft, ohne Angst vor den Folgen zu haben.' – 'Das ist aber nicht sehr klug.' – 'Es ist auch nicht klug, sich vergewaltigen zu lassen.'

So verlief das Gespräch zwar nicht, und Mehmet sprach auch kein sehr gutes Deutsch, aber ich weiß genau, daß er sinngemäß diese für mich höchst befremdlichen Gedanken zum Ausdruck brachte.

Am folgenden Tag wurde er wegen Totschlags zu zehn Jahren Gefängnis verurteilt. Diesen Ausgang seines Prozesses erwähnte er jedoch nur beiläufig und meinte, als ich ihn zu trösten versuchte, wieso, er habe doch voraussichtlich noch etwa neun Monate Zeit, bis das Urteil rechtskräftig und er in eine Strafanstalt verlegt werden würde, und neun Monate seien eine lange Zeit, da könne ein Mensch gezeugt, geboren und ermordet werden.

Es war tatsächlich nicht zum Krieg gekommen; ob man sich am Ende die Ölvorkommen in der Ägäis geteilt oder sich sonstwie geeinigt hatte, wußte er nicht, interessierte ihn auch gar nicht. Wie gesagt, er hatte nichts gegen die Griechen, und für die Kurden war das Öl ohnehin nicht bestimmt. Als er im Zug nach Frankfurt saß, freute er sich auf seine Wohnung und verspürte Sehnsucht nach Aischa. Ich mutmaßte natürlich, daß sie sich nun mit einem anderen eingelassen hätte und womöglich noch mit diesem zusammen im Bett von Mehmet überrascht werden würde, aber so war es nicht. Was Aischa in der Zwischenzeit trieb, was für Erfahrungen und Enttäuschungen sie machte, ist unbekannt. Fest steht jedoch, daß sie sich ebenfalls nach ihm gesehnt hatte und ihn als bräutliche Gattin empfing. Sie hatte allerlei gekocht und gebacken, und sowohl die Familie Mehmets als auch die ihre waren zur Begrüßung des tapferen Kriegers erschienen. Man verbrachte einen netten Abend miteinander, und als die Sippschaft wieder weg war, wollte Mehmet noch eine Pfeife rauchen, während Aischa das Geschirr abräumen sollte. Sie hatte jedoch keine Lust dazu, sagte, daß es auch bis morgen Zeit hätte und ob sie nicht lieber schlafen gehen wollten. Als Mehmet sich kommentarlos weiter an seiner Nargileh zu schaffen machte, hockte sie sich vor ihm auf den Fußboden, umarmte ihn und versuchte, ihm den Pfeifenschlauch mit sanfter Gewalt zu entwinden. Wie er mir versicherte, kam es ihm auf die Pfeife überhaupt nicht an. Es machte ihn nur wütend, daß Aischa ihm ausgerechnet jetzt, wo er sie mühselig angeraucht hatte, mit ihrer an sich ja durchaus erwünschten Schmuserei in die Quere kam. Er versuchte, sie wegzustoßen, aber sie hielt ihn umschlungen, und es kippte lediglich das Becken um. Das brachte ihn nun vollends außer sich, und er versetzte ihr einen in der Nahkampfausbildung oft geprobten Handkantenschlag auf die Leber. Sie verlor sofort das Bewußtsein, er legte sie aufs Sofa und räumte die Wohnung auf, wusch sogar noch die Teller und Tassen ab. Dann sah er nochmal nach ihr, klappste ihr ein paarmal ins Gesicht, und als sie nicht wieder zu sich kam, legte er sich auf den Teppich und schlief ein. Als er gegen Morgen erwachte, war sie tot. Er rief die Polizei an, wurde festgenommen und gab alles genau so zu Protokoll, wie es sich zugetragen hatte. Von den vernehmenden Beamten wurde vermerkt, daß er, obwohl er weder unter Drogeneinfluß stand noch einen Schock erlitten hatte, eine unglaubliche Gefühlskälte an den Tag gelegt habe, er hätte weder Trauer noch Reue noch Entsetzen über seine Tat, noch überhaupt irgendeine Reaktion gezeigt. Er versuchte noch nicht einmal, sich zu entlasten, obwohl ihm das ja ein leichtes gewesen wäre; er hätte auf einen hochgradigen Erregungszustand wegen irgendwelcher Untreue-Geständnisse oder dergleichen hinweisen können, er hätte seinen Überreizungszustand nach der langen Fahrt und der anschließenden Familienfeier geltend machen können, er hätte sagen können, daß er einige Pfeifen Haschisch geraucht habe und deshalb erst die Kontrolle über sich verlor und dann einschlief. Aber Mehmet trug nichts zu seiner Entschuldigung vor, und er konnte auch kein halbwegs plausibles Motiv oder wenigstens einen Anlaß nennen. Er bemühte sich in der Haft nicht einmal um einen Rechtsanwalt, und als seine Familie ihm dann einen besorgte, besprach er mit diesem nur das unbedingt Notwendige und ließ ihm im übrigen völlig freie Hand. Die Anklage lautete auf Mord, da Mehmet auch von den psychiatrischen Gutachtern uneingeschränkte Schuldfähigkeit konzediert wurde. Der Anwalt plädierte auf Körperverletzung mit Todesfolge, da sowohl die Tatumstände als auch die Zeugenaussagen beider Familien klar ergeben hätten, daß weder ein Vorsatz noch Heimtücke in Frage käme, geschweige denn nachweisbar wäre.

 Mehmet hat mir von seiner Geliebten erzählt, daß sie mit ihrem Mann in Scheidung gelebt habe. Da sei er eines Tages unter einem Vorwand zu ihr in die Wohnung gekommen und habe sie vergewaltigt. Sie hat daraufhin versucht, ihn zu verklagen, aber die Anwälte sagten ihr, daß dies zwecklos sei, da sie, juristisch gesehen, mit ihrem Mann bis zum Inkrafttreten der Scheidung verheiratet sei und somit lediglich ihren ehelichen Pflichten nachkommen, nicht aber vergewaltigt werden könne. Und dies gelte schon sowieso, wenn sie ihn freiwillig in ihre

Wohnung einließe und keinerlei Spuren von körperlicher Gewaltanwendung vorweisen könne. Das wäre ja noch schöner, da könnte ja jede Frau, die sauer auf ihren Mann ist, denselben wegen einer angeblichen Vergewaltigung ins Gefängnis bringen. Nachdem sie dies in Erfahrung gebracht hatte, schritt sie zur Selbstjustiz, und die Tat hat sie auch noch dreist zu vertuschen gesucht, anstatt Reue, Trauer oder Entsetzen zu zeigen. Sie ist zu lebenslänglicher Haft verurteilt worden und hat nachts rauchend am Fenster gestanden und in die Dunkelheit gesehen. Bis Mehmets Feuerzeichen kamen.

Der geneigte Leser wird nun einen ordentlichen Schluß von mir verlangen. Vielleicht eine Brieffreundschaft, Begnadigung oder gar Flucht? Haha. Na, dann aber wenigstens einen gemeinsamen Selbstmord. Jedoch, geneigter Leser, Mehmet ist weder Stoiker noch Romantiker, noch Existenzialist, und so locker geht das mit dem geplanten Sterben nicht. Zwar gab es drüben kurz nach Mehmets Verlegung einen Fall von Suizid, aber ob es sich dabei um Mehmets Geliebte handelte, ist nicht bekannt. Und was Mehmet anbelangt, so montiert er jetzt als Strafgefangener Wäscheklammern zusammen; kann sein, daß ich ihn nächstens mal besuchen werde, aber er sagte mir, daß er keinen Wert darauf legen würde.

Frankfurt im Knast,
Januar 78

Anmerkung:

Obige Erzählung ist keine Dokumentation, sondern eine Geschichte, sie hätte jedoch eine Dokumentation sein können, denn ich habe nichts erfunden, sondern ausschließlich authentische, mir selbst begegnete Fälle und Menschen verwandt, allerdings habe ich verschiedenes zusammengefaßt und die ganze Geschichte in einen ästhetisch gereinigten Rahmen gefaßt. Dies ist unrealistisch, aber ich wollte dem Leser keine Möglichkeit geben, sich wegen äußerlicher Rohheiten, die er in seiner Geborgenheit ohnehin nicht verstehen kann, innerlich von der Geschichte und ihren Personen zu distanzieren.

Eine frei nach dem Leben gedichtete Fabel von Robert

Einst im Gefängnis, zuzeiten von Schmidt, dem Verweser,
wurden bei Robert, nachdem ihn sein Anwalt besuchte,
sicherheitshalber die Höhlen des Leibes durchleuchtet.
Nichts fand sich unter der Vorhaut und nichts in den Därmen;
Auch im Gebiß war'n zwar Plomben, jedoch keine Bomben.
Steckten Antennen und Sender in Ohren und Nase?
Mitnichten, selbst der vorhandene Rotz war genehmigt.
'Keine Verdächte, der Mann kann zurück auf die Zelle.'
Schon wollte Robert, der Held dieser schlimmen Ballade,
schamhaft die Blöße mit Hemden und Hosen bedecken.
'Halt!' rief der Scherge da plötzlich, 'die Füße mal zeigen!'
Hüpfend bot Robert die Sohlen dem spähenden Auge,
Anpackte sicheren Griffes der Scherge die Ferse;
'Bitte nicht kitzeln,' bat Robert, 'ich bin da empfindlich.'
Dies überging der Beamte verächtlich mit Schweigen,
war ihm doch Konspiration zwischen die Finger geraten,
denn, so unglaublich es klingt — zwischen den Zehen
hatte der Häftling mit List einen Fußpilz verborgen.
'Hilfe, Alarm, Meuterei!' schrie der Scherge erbleichend.
Da grinste der Robert, aber sein Grinsen erstarb ihm,
denn wahrlich, der Fußpilz erwies sich als teures Vergnügen.
Wüst war der Fußpilz allein schon als Zehenzerfresser,
wüster jedoch als zu ahnendes Corpus delicti:
Strafrechtlich wurde er nämlich verfolgt, dieser Bursche.
Wie kam der Häftling zu solcher grausigen Waffe?
Was war geplant? Neue Terroraktionen und Morde?
Fußpilzattaken und Diskreditierung des Staates?
Sollten womöglich Infekte die Knackies verseuchen,
um später im Ausland perfide verbreiten zu können,
Epidemien grassierten in deutschen Verliesen?
Wollte der Robert das Wachpersonal dezimieren?
Fragen, die Presse und Landtag in Aufruhr versetzten.
Neue Gesetze und Sicherheitskräfte entstanden,
Ausschlußverfahren und Ehrengerichte verfolgten
nicht nur den inkriminierten Verteidiger Roberts,
sondern auch jene Kollegen, mit denen er umging —
schließlich bestand der Verdacht einer großen Verschwörung:

Hatten sie heimlich die Zehen zusammengesteckt?
War dieser Fußpilz am Ende ein Erbe vom Baader?
Kam Croissant als zentraler Verteiler in Frage?
Dies alles wurde in Herolds Computer gefüttert
(Erkenntnisse unbekannt wegen Nachrichtensperre).
Dem Robert im Knast widerfuhr unterdessen nichts Gutes.
Isolation war natürlich die erste Verordnung;
das ist ja klar, weil Verdunklung und Ansteckung drohte.
Ferner verfügte man täglich Sonderkontrollen
(um einem Einschlich von weiteren Pilzen zu wehren).
Schließlich erschien nunmehr stündlich (auch nächtens) der Sani
zum Zweck einer Messung des Ausbreitungstempos der Wunde
(arabische Pilze sind schneller im Wachstum als deutsche).
Monate flossen zermürbend geruhsam dahin –
bis unser Häftling um ärztliche Hilfe ersuchte,
denn roh und geschält hing inzwischen das Fleisch um den Knochen.
Abgelehnt wurde der Antrag jedoch von den Richtern,
weil ja – wie jeder im Brockhaus selbst nachlesen könne –
Fußpilze ja harmlos und keine Erkrankungen seien.
Deshalb bedürfe der Robert auch keiner Doktoren,
außerdem litten fast alle Gefangenen an Fußpilz:
'Mithin muß aus Gründen des Gleichheitsprinzips jener Antrag
auf Sonderbehandlung verworfen und abgelehnt werden.'

Frankfurt im Knast
Silvester 77

Beschluß vom 21. November 77 (Abschrift)
... werden die am 20.10.77 gemäß (...) von dem Anstaltsleiter angeordneten besonderen Sicherungsmaßnahmen:
    Täglich verstärkte Durchsuchung der Gefangenen,
      ihrer Sachen und ihrer Haftträume,
gemäß (...) genehmigt.
    Die beiden Untersuchungsgefangenen sind zwar von dem Vorwurf der Bildung einer bzw. Mitgliedschaft in einer kriminellen Vereinigung freigesprochen worden. Sie haben sich jedoch als erklärte Gegner der bestehenden Staats- und Gesellschaftsordnung dargestellt. Sie halten auch Kontakte zu Personen, die den Staat und seine Ordnung mit Gewalt bekämpfen.

Nach den jüngsten Vorkommnissen in zahlreichen Haftanstalten, u.a. auch in der hiesigen, muß damit gerechnet werden, daß auch die Gefangenen Reimers und Jarowoy Handlungen vornehmen, die eine erhebliche Störung der Anstaltsordnung hervorrufen. Die besonderen Sicherungsmaßnahmen sind daher erforderlich.

Beschluß vom 22. Dezember 77 (Abschrift)
...werden unter Aufhebung des Beschlusses der Kammer vom 15.11.76 der Antrag des Angeklagten Reimers (...) sowie die ihrer Verteidiger auf gemeinsamen Umschluß, Gestattung gemeinsamer Freistunde und gemeinsamen Hofgangs zurückgewiesen.

Nach fernmündlich eingeholter Auskunft der Leitung der JVA Ffm I werden die Angeklagten — abgesehen von der Besuchsüberwachung — derzeit wie jeder andere Untersuchungsgefangene behandelt. Durch Beschluß der Kammer vom 15.11.76 war den Angeklagten gemeinsame Freistunde und gemeinsamer Hofgang gestattet worden. Diese Maßnahme war damit begründet worden, daß den Angeklagten ein aus medizinischer Sicht gebotener sozialer Kontakt ermöglicht werden sollte, da sie sich von den übrigen Häftlingen der Anstalt absonderten. Nachdem die Angeklagten zu längeren Freiheitsstrafen verurteilt wurden, kann in Hinblick auf den Gleichbehandlungsgrundsatz nicht länger anerkannt werden, daß den Angeklagten eine Art Sonderstatus zugebilligt wird. Die Angeklagten müssen versuchen — wie jeder andere Untersuchungsgefangene auch — sozialen Kontakt mit den übrigen Mitgefangenen zu pflegen. Dies wird ihnen — wie jedem anderen Gefangenen auch — uneingeschränkt gestattet und ermöglicht. Die Angeklagten können, nur weil sie sich sperren, mit den übrigen Untersuchungsgefangenen Gemeinschaftsbeziehungen zu pflegen, für sich keinen Sonderstatus beanspruchen. Die Angeklagten müssen sich auf ihre Situation als normale Untersuchungsgefangene einstellen. Insoweit ist der Beschluß vom 15.11.76 überholt und war aufzuheben. Danach hat ein Untersuchungsgefangener auch keinen Anspruch, mit bestimmten anderen Untersuchungsgefangenen auf einer Station zu liegen.

Kommentar: Spaßmacher, Spötter und Cabarettisten

Beschluß vom 22. Dezember 77 (Abschrift)
... wird der Antrag der Eltern des Angeklagten (...) auf Gewährung eines Weihnachtsurlaubes abgelehnt.
Der Angeklagte Jarowoy befindet sich noch in Untersuchungshaft. Während der Untersuchungshaft ist ein Urlaub grundsätzlich nicht möglich. Trotz der Verbürgung der Eltern für eine Rückkehr in die Haftanstalt kann nicht davon ausgegangen werden, daß der Angeklagte insoweit auch dem Willen und Wunsch der Eltern nachkommt. Angesichts der Höhe der zuerkannten und noch zu verbüßenden Strafe besteht vielmehr erhebliche Fluchtgefahr, die auch nicht durch weniger einschneidende Maßnahmen beseitigt werden kann.

Verhandlungsfähigkeit

Dreißig Zentimeter vor der Stirn ist die Wand, weil so die Breite der Tischplatte ist. Und die ist immer so, dreißig Zentimeter breit und angewinkelt. Aber abwaschbar. Da setzt sich nichts von gestern fest, kein Gekritzel von wem, kein Rest vergangenen Hoffens, nichts, alles bakterienfrei und hell.

Und die Wand und die Stirn, und die Wand ist aus Gußbeton, und die Stirn wird grau wie die Wand und glatt wie die Wand, nur nicht so hart wie die Wand.

Wenn du hier reinkommst und erstmals die Zelle fühlst, krümmt sich alles in dir und kreißt deine Angst, den Haß, die Wut und Verzweiflung zutage. Da ist die Stirn sehr rauh und gefurcht. Aber das schleift sich ab, paßt sich ein, und dann ist alles nur leer, und die Stirn wird so glatt wie die Wand und so grau wie der Tisch. Da kreißt und furcht dann gar nichts mehr. Weißt du, bei Gebirgen, wenn die sich falten, unter Macht und Erosion, dann gibt es Zacken und Klüfte und das Wetter frißt skurrile Gebilde hinein, aber das schleift sich ein, das wird rund und eben und glatt. Wie die Wand. Und der Tisch. Und die Stirn.

Wenn ich anfangs an dich dachte und dachte, daß ich nicht bei dir bin und immer ohne dich, dann krampfte es sich in mir, und ich dachte, ich ertrüge es nicht. Ich ertrug es, wurde wie die Wand und der Tisch. Dreißig Zentimeter, weißt schon, und immer dieselbe Distanz, schuwidubidei. In dreißig Zentimeter Distanz paßt du nicht rein, da paßt gar nichts rein, das ist zu knapp.

Manchmal kommt der Professor und ist nett und fragt, was mir fehlt. Ich will dann schreien und sagen: hier ist dieser Krampf in mir, alles birst, ich kann das nicht mehr. Aber welchen Schmerz soll ich schreien, wenn ich dich nicht mehr fühl? Wenn die Stirn so glatt wie die Wand ist? — Die Erosion ist vorbei und der Schmerz planiert. Das geht jetzt gemächlich, trägt sich staubweise ab und kaum merklich. Der Schrei ist versäuselt, das Echo hat sich verloren. Da schlägt kein Meßschwengel mehr aus, kein Blutdruckgerät; denn was mir fehlt, ist doch der Schmerz, der schwengelt.

Als ich hier einverfügt wurde, war ich verzweifelt bestrebt, meine Gedanken zu ordnen und mich zu erklären, aber die Gedanken verrannen, bevor ich noch dazu kam. Es sind keine Gedanken mehr da, die ich ordnen könnte. Schuwidubidei, alles fließt und verschwimmt. Woran soll ich denken? Hattu Gedanken für mich?

Man bringt mir jetzt therapeutische Reize in Dosen, sagt, der Prozeß sei mir gut, stieße mich an. Auf die Appenien trugen sie einst Erde in Körben, daß wieder was wüchse. Wuchs aber nicht, wusch sich weg, weil alles ganz glatt und keinen Halt. So geht das nicht, der zertrocknete Boden nimmt Wasser nicht auf, der Fels nimmt Erde nicht an — muttu ordentlich machen und langsam und stet.

Aber sag das wem, erklär die Wand, beschreib ‚grau'.

Sie machen diesen Prozeß über mich, vergewissern sich meiner Person, daß ich auch der sei, den sie belieben. Jawohl, ich bin dabei und nicht krank. Bißchen geschwächt, aber nicht tot. Ich soll sagen, was war und wann und warum. Aber wie soll ich wissen, was war, wenn ich dich nicht mehr weiß? Wenn da kein Krampf mehr in mir ist, nicht mal Schmerz oder Schrei? Du warst mir doch in allem und alles, und jetzt ist nur noch schuwidubidei und grau und glatt.

Wenn ich deinen Körper vergaß und dich und mich und uns und sogar den Schmerz über dieses Vergessen verlor, wie soll ich dann wissen, was war und wann und warum? Soll ich Fotos nachzeichnen und Linien ziehen? Auf abwaschbaren Platten vielleicht, dreißig Zentimeter vor der Wand, grau wie die Wand, nur nicht so hart wie die Wand.

Ich gebe dies zu Protokoll:

Es gab eine Zeit, wo ich kämpfte und liebte und lebte, soviel ist gewiß. Aber ihr habt da die Wand aus Beton vor die Stirn gegossen, und ich weiß nicht, was kämpfen ist und lieben und leben, ich weiß nur Beton und grau und glatt, vielleicht noch ein Foto. Das könnt ihr haben, hier bitte, nicht krank, nicht tot, nur auch kein Ausschlag im Meßgerät mehr. Schuwidubidei.

Zellenzacker

Zellenzacker, zack sie an!
Mach dich ran,
bieg die Gitter krumm,
reiß sie ab!
Niet die Schließer um,
mach sie satt!

Zellenzacker — zack!

Eierdiebe hat man gefangen.
Fixer, Türken und Huren,
die unzüchtig stahlen,
was man ihnen nahm.

Huren,
von fetten Schweinen
mißbraucht und zum Krüppel
geschlagen.

Türken,
von Faschisten
verhetzt und ihres Lohnes
beraubt.

Fixer,
vom Zwang
zum Gift getrieben und Selbstmord
gemacht.

Zellenzacker, zack sie an!

Und die in der Zelle hocken,
sind abgearscht,
weil die an sie zu denken vergaßen,
und die.
Nicht aus Absicht.
Nur so.

Und keiner kommt,
die Tage im Jahr;
außer dem Pfaffen,
mit den drei Psalmen,
vom Paradies —
aber das später,
von den Geboten —
die aber jetzt,
und von Liebe —
die nie.

Und dann ist der Richter
der sagt:
Krimineller,
fünf Jahre
oder auch zehn.

Zellenzacker, zack sie an!
Mach dich ran,
bieg die Gitter krumm,
reiß sie ab,
niet die Schließer um,
mach sie satt!
Zellenzacker — zack!

Impressionen von nem Prozeß

An sich hatte ich auf den Prozeß ja seit 20 Monaten gewartet, mich innerlich darauf eingestellt. Dann kamen sie aber erst am Morgen vor Beginn — drei satte und pralle Typen vom LKA —, die mich gefesselt und ziemlich schwach durch die Gegend fuhren, hin nach Darmstadt, wo's stattfinden sollte. Dort, im Knast, dann erstmal all diese Prozeduren. Wartezelle, kahl, mit Sprüchen an der Wand und Gemälden. Fixer-Ole grüßt alle Giftmolche. Nieder mit der Klassenjustiz. Bewährung widerrufen, komme nach Butzbach, Charly aus Wiesbaden. Dazu Genitalien zuhauf. Na, dann zur Kammer. Eine Stunde durchblättern sie Buch für Buch, jedes sicher schon dutzendfach nach Zinken gecheckt. Plötzlich hat er was entdeckt. Ha — was, bitte sehr, ist denn das? Das, sag ich, das ist mein Reise-Necessaire. So, und die Schere — wozu brauchen Sie die? Erzählen Sie uns bloß keine Geschichten, wir wissen, wer Sie sind! Also, sag ich, das ist eine Nagelschere, mit der ich mir die Nägel schneide, zuweilen. Am Anfang neigt man in derartigen Fällen noch zu Scherzen, das unterläßt man dann aber bald. So auch ich, und schließlich sieht er's ein, gibt sie zurück, droht mit Entzug, falls ich.

Dann geht's wieder ab in die Wartezelle. Nach ner runden Stunde etwa holen sie mich, natürlich zu zweit. Außerdem — man ist ja nicht irgendwer — noch 'n Kalfaktor, der mit den Büchern, Tellern und Decken hinterherächzt. Reden darf er sowieso nicht mit mir, soll er ächzen. Im Block, wo ich hinkomm, sind alle weggeschlossen. Nebenzelle ist leer, ich ganz am Rand mit Doppelgitter, daß nichts rausfällt. Na, das kennt man ja. Dann bezieh ich das Bett, schmeiße mich rauf, völlig tot. Auf, zum Besuch. Ihre Schwester ist da. Zwei Grüne begleiten mich, dort Übernahme durch zwei vom LKA mit gezücktem Notizblock und Stift, Pistolen sowieso. Die sind wie Krawatten für sie, meinte mal einer. Ich trug nie Krawatten, dachte ich da.

Sie steht da, ich nehme sie in die Arme, flüchtig, setze mich, sag: na? Denke, sieh diese Bullen, schamlos, eiskalt und gedrillt, sieh sie, den fahrigen Blick, zerzaust und klein. Brauchst du was? fragt sie, bist du okay? Stell dir vor, die nehmen mich jetzt dauernd fest. Also nur mal so, mehr zum Spaß, zwecks Demonstration. Ich rauche, rede von was, weiß nicht was, sie auch, Schluß. Leibesvisitation. Ab in die Zelle. Essen steht schon da, matschig, grau und halbkalt. Ich stochere ein wenig drin rum, rauche, klebe paar Fotos an die Wand über Ritzen und Löcher. Rasseln in der Stahltür. Machen Sie sich fertig zum Rechtsanwalt. Ich wühle Ordner aus den Kisten und trotte hinterher, überlege, warum ich eigentlich immer die ganzen Akten mitschleppe, aber das gehört sich wohl so. Der Anwalt sagt, er wäre arg in Eile, doch er dächte sich das so und so, ob ich übereinstimme. Ja klar, sage ich, so muß das sein und nicht anders, allein schon wegen der Idealkonkurrenz. Er nickt, genau, tschüß dann bis morgen. Tschüß.

In der Zelle hat wer inzwischen die Fotos ab- und zerrissen, fletscht, das sei verboten, die Wände zu beschmutzen. Wenn man Kraft hat, kann man jetzt sagen, wieso denn gerade bei mir, habe immer völlig neue Verordnung und so. Aber ich lasse das sein, sage nichts, rauche ne Zigarette, sehe – zum ersten Mal nach mehr als einem Jahr – aus dem Fenster in die Abendsonne, fühle mich ziemlich aufgesogen, denke an nichts. Streiflichter allenfalls ziehen schemenhaft innen vorbei. Der Anwalt, die Schwester, die Liebste, Bullen, Handschelllen, MPi. Dann ziehe ich mich aus, lege mich hin, höre kurz noch in den Kopfhörer rein. Franco sei am Sterben. Verreck, du Mordratte, denk ich noch kurz und schlaf ein.

Am Morgen um 6 ist Mords-Gepolter auf dem Flur, Licht geht an, ich springe satzartig auf und verliere das Gleichgewicht. Man vergißt im Traum leicht die Schwäche. Na, im Sitzen ziehe ich mir die Hose an, Tür geht auf, Frühstück gibts nicht, Malzkaffee wird aber ausgeschenkt. Ich tobe mit der Kanne hin und her, verschütte die Hälfte, soll meinen Müll entleeren, die Post abgeben, blicke überhaupt nicht durch, alles geht wahnsinnig schnell, habe vergessen zu sagen, daß ich Klopapier bräuchte. In Limburg, wo ich vorher war, ging es gemächlicher her, hier ist die Tür schon wieder zu. Also wasche ich mich, ziehe mich an, mache das Bett, räume Kram hin und her, mache mir einen Kaffee mit Instant zurecht, suche Tabak, Blättchen und Hölzchen zusammen. Da kommt der schon wieder. Es ist noch nicht mal sieben. Ich hätte Termin, solle mit auf die Kammer. Das habe ich tatsächlich halbwegs vergessen gehabt. Also, schwarze Jacke an, schnell mal gekämmt, Tabak eingesteckt und raus in die Kälte, natürlich eskortiert. Zur Kammer gehen wir hintenrum. Das sei extra, damit ich keinem begegne, womöglich Kassiber blinzle, Terror vorbereite und dergleichen. Dort in die Wartezelle. Das ist zwar diesmal ne andere, aber die sind alle gleich. Nackt und kahl mit Sprüchen an der Wand. Ich rauche, huste und friere, gehe auf und ab. Um acht geht die Tür auf. Da stehen ein paar Schließer, weißbemützte Polizisten und Knastverwalter, die mich rausgeleitet zu nem dunkelgrünen Transporter. Ehe ich's überblicke, sitze ich in einem Kasten — vierzig mal dreißig Zentimeter, hundertfünfzig hoch. Da ist es stockdunkel, ich sehe absolut nichts. Totenstille, fast Frost, Stahlwände. Nach einer ewigen Zeit — Stimmen; die Wagentür geht auf. Ich höre meinen Genossen fluchen. — Wir haben uns die ganzen Monate nie gesehen, einmal bin ich nur kurz einem begegnet.

Dann holen sie mich wieder raus, um die Leibesvisitation nachzuholen: Ziehen Sie die Schuhe aus, Abtasten, der Kuli wird aufgedreht. Gut, alles klar. Wieder zurück in die Kabine. Türen schlagen, der Motor geht an, Gerumpel. Ich sehe nichts, befürchte, in Panik zu geraten, sage mir, daß es keinen Unterschied macht, ob ich was sehe oder nicht. Nach einer wiederum ewigen Zeit — insgesamt saß ich über eine Stunde in dieser Kabine — halten wir; die Tür wird aufgerissen. Ich bin total geblendet, blinzle, steige aus, einige Blitzlichter zucken. Überall stehen Grüne mit Funksprechgeräten. Ich gehe etwa zwanzig Meter durch einen Gang ohne Abzweigungen, flankiert von Uniformen, bin in einem netten Zimmer, plötzlich allein, mein Genosse kommt rein. Ich denke, die haben sich geirrt, aber tatsächlich, es ist so vorgesehen, Irrtümer gibt es hier eh nicht. Nur an der offenen Tür stehen Grüne, wir aber können miteinander reden, sind in einem hellen Raum mit Tapeten, Tisch und Stühlen. Ich bin ganz verwirrt. Überhaupt, ich hatte mit all dem nicht gerechnet, dachte nicht, daß sie uns so aufspielen würden. Dann kommen unsere Rechtsanwälte, die ich zum Teil gar nicht kenne. Alle reden durcheinander, ich überlege, ob sie, die Liebste, wohl da sein wird. Die Anwälte packen Roben aus, wir gehen zehn Meter durch den Flur: alles voller Grüner. Im Saal sitzen zu meinem Erstaunen ziemlich viele Leute, vielleicht vierzig oder so. Ich sehe nur Köpfe, sitze zwischen Akten und Anwälten, das Gericht stiebt rein. Ich entdecke sie inmitten Unbekannter, sie ist da. Das beruhigt mich enorm.

Mein einer Anwalt beginnt, einen langen und sehr komplizierten Antrag vorzulesen, der irgendwas mit der Unzuständigkeit des Gerichts zu tun hat. Ich höre von Zeit zu Zeit verfahrensrechtliche, sachlichrechtliche und solche andere Handlungsbegriffe, die mir sämtlich stark imponieren. Ich denke, der Typ hat ja schön was drauf, so juristisch gesehen. Aber ich sehe die Dinge hier weder juristisch noch sonstwie. Ich friere nämlich erbärmlich, fühle mich fiebrig. Dann ist plötzlich Verhandlungspause. Wir sind wieder in 'unserem' Zimmer mit den Tapeten. Ich habe 20 Monate keine Tapeten mehr gesehen. Ich habe 20 Monate praktisch keine Leute gesehen. Ein Anwalt gibt mir seinen Mantel, heißer Kaffee kommt in Bechern, Zigaretten, Schokolade. Ich beginne, mich in die Situation einzufinden, sie zu erfassen und mich zu fragen, ob ich mir nun wegen des ganzen Aufruhrs geschmeichelt vorkommen soll, oder ob die alle nicht ganz dicht sind. Beschließe, beides zu finden, schlendere nach der Pause gelassen zu meinem Platz, grinse mal allgemein, tausche ein Lächeln mit der Liebsten und blättre spaßeshalber ein wenig in den Aktenbänden, die sich da türmen. Immerhin sind sie ja dazu bestimmt. Dann fällt mir auf, daß ich doch paar Typen bei den Zuhörern schon mal wo sah, bemerke ferner, daß es vorwiegend recht anarchistisch aussehende Mädchen sind, noch dazu welche, wo man sich einbilden kann, daß sie nicht nur des Spektakels wegen gekommen sind. Einer kommt mit geballter Faust rein, zwei mit nem Kleinkind, der Staatsanwalt redet. Mein Anwalt zur Rechten tuschelt mir was ins Ohr, mein Genosse hinter mir reicht Pralinen durch. Mein Zahn tut weh und der erste Verhandlungstag ist rum. Naja, denk ich noch so beim Rausgehen, eigentlich ist das ja gar nicht so schlecht.

Zurück geht's dann wie hin, absurderweise sind wir wieder getrennt. Auf der Zelle fällt ihnen ein, daß sie das Essen vergaßen. Zwei Grüne und ein Kalfaktor marschieren los, die Küche ist im anderen Block, aber es klappt, ich bekomme noch was, sage, daß ich Klopapier bedürfe. Nachdem ich gegessen habe, kommen zwei Grüne mit ner Rolle anstolziert. Einer allein darf die Tür nicht öffnen, womöglich spränge ich ihn sonst noch an, könnte beißen, spucken und kratzen. Dann bringen sie die Zeitung und Post. Es ist gegen drei, ich bin völlig fertig, muß aber schon wieder raus, Hofgang. Der ist trotz allem vonnöten, des eh schon stark reduzierten Kreislaufs wegen. Der Hofgang ist aber kein Hofgang, sondern ein Hinundhergang. Genau 18

Schritte vor und zurück auf einem Fliesenweg, an beiden Seiten steht je ein Grüner. Ne halbe Stunde dauert der Ausflug. Ich denke immer noch nichts, wüßte auch gar nicht woran. In der Zelle versuche ich dann, einen Brief an die Freundin zu schreiben, meine Mattheit, das alleinige Bedürfnis nach zärtlicher Umarmung im Schlaf, zum Ausdruck zu bringen — ohne Geilheit diesmal und dem mit Revolution —, trinke starken Kaffee, süß, schwarz und warm, träume vor mich hin, höre plötzlich aus dem Kopfhörer rieseln, daß in dem eigens dafür eingerichteten Sicherheitstrakt des Landgerichts Darmstadt der Prozeß gegen die beiden mutmaßlichen Anarchisten, gegen uns also, begann. Hoho, denke ich grinsend, eigens gebaut, das wird ja immer stärker. Einschlafend geht's mir so durch den Kopf, daß wir dann demnach noch richtig wer sind. Also Menschen, Männer, Kämpfer. Typen sozusagen, derentwegen noch reichlich was durch die Gegend springt. Nicht nur geschlechtslose Reste in Zelle weiß nicht mehr wo.

Am Morgen dann dieselbe Hektik. Es ist Freitag. Diesmal, denk ich, kann ich den Kaffee aber immerhin trinken. Doch nein, los ins Labor. Da zapft man mir Blut ab, gibt mir 'n Röhrchen. Also auf, da ist das Klo, schlagen Sie mal schleunigst Urin, rechts von mir ein Grüner, links einer, damit nichts passiert. Es passiert auch nichts. Nun machen Sie schon, meint der eine, stell Dich nicht so an, piß los. Geht aber nicht, ich bin so gehemmt. Schließlich rücken wir wieder ab, zwei Grüne, ratlos, erzürnt und ich hinterher. Mittag, Zeitung, keine Post, Hofgang, Arzt, Pissen klappt. Fehlt Ihnen was? Ja, ich geh hier kaputt. Das, junger Mann, hätten Sie sich früher überlegen sollen, der Nächste, Sie sind vollkommen gesund. Also ab und zurückmarschiert. Na denn. Samstag, Sonntag, Montag, ich bin wie in Trance, schlafe dauernd, lese ein wenig, schreib halbe Briefe, packe meine Kisten aus, esse, schlafe, gehe täglich mal kurz hin und her.

Die Tage verrinnen, manchmal Post, Verhandlung, Rechtsanwälte. Die Isolierung wird gelockert. Wir dürfen uns jetzt dreimal in der Woche für ne Stunde sehen, haben Gemeinschaftshofgang. Nach drei Wochen wird das Verfahren wegen Unzuständigkeit eingestellt, nach Frankfurt verwiesen. Ich überfliege noch mal die Zeitungsartikel, hole meine Sprachbücher raus, lerne Vokabeln, übersetze, hoffe, daß wer schreibt, denke, wann wohl wieder mal ein Prozeß steigt, bin erschöpft und zerschlagen, der Spuk ist vorbei, das luxuriöse Siechen fängt wieder an. Ohne Folter. Y hasta la victoria siempre jamas, viva la anarquia!

November 75

Von wegen Sadisten

Die Schließer
im zweiten Stock
vom Block drei
bei uns auf' m Flur,
fragte ich,
ob sie mich,
den Anarchisten,
zuzeiten,
wenn's soweit sei,
wohl erschössen.
Ja zwar,
sagten sie zögernd,
wenn man sie zwänge,
täten sie das.
Aber nur,
wenn's gar nicht gelänge,
wen anders zu finden,
der bereit sei,
dies zu verrichten;
denn solches genössen sie nicht.
Sie seien schließlich
keine Sadisten,
könnten an sich auch kein Blut sehn,
wären gegen fdGO durch Gewalt,
jedoch,
es bedränge sie
mehr noch
die Pflicht.
Deswegen dürfe ich das
halt mitnichten
etwa persönlich verstehn.

Anarcho kommt zurück — ein linksradikales Sittenbild

Sie ist ganz schön aufgeregt, ja, sie hat sogar Herzklopfen, wenn man so will. Und sie wartet, daß er jetzt endlich kommt, daß er da sein möge. Also nicht direkt so richtig, das wäre übertrieben, sie kennt ihn ja schließlich noch gar nicht, aber irgendwie schon. Ganz bestimmt.

Natürlich ist das albern, ganz irrational und kindisch — das weiß sie auch. Aber andererseits ist es nun mal trotzdem so. Was soll man machen.

Sie ist noch ziemlich jung, vielleicht so achtzehn, entschieden und nicht verschwommen, das sieht man ihr an. Sie hat harte Augen, die sind übrigens ganz schwarz, aber das tut nichts zur Sache. Allerdings hat sie sich jetzt außerdem Lidschatten gemalt, und das tut was zur Sache. Es ist nämlich so, daß ihr das gut steht, jedenfalls findet sie das. Es verleiht ihr mehr Ausdruck und sei sowieso sehr attraktiv. Und sie will jetzt attraktiv sein, will, daß er sie gleich mal beachte, und zwar nicht nur so als Genossin irgendwer, sondern als sie. Daß er sozusagen extra für sie rauskommt. Allerdings ist sie auch nicht sonderlich besorgt drum, daß er sie womöglich übersehen könnte, sie hat da keine Minderwertigkeitskomplexe, findet ehrlich gesagt auch, daß mit ihr ausgesprochen viel los ist, zumindest so verhältnismäßig, verglichen mit den anderen, die gekommen sind, um ihn abzuholen, beispielsweise.

Er war jetzt sechs Jahre im Knast. Wegen ner Bank und solchen Angelegenheiten — sie hat das auch nur so ungefähr mitbekommen. Damals waren die Urteile jedenfalls nicht so hoch, da fing das erst an mit den politischen Prozessen. Sie war da natürlich noch nicht irgendwie agitiert. Das ist erst jetzt so, seit nem Jahr etwa. Sie ist damals zu so 'ner Versammlung gegangen, was mit Frauenemanzipation, das hatte sie interessiert. Da waren paar Typen gewesen, die hatten gesagt, daß das doch scheiße sei, weil, von wegen in dieser Gesellschaft, also im Kapitalismus, da wären alle unterdrückt, und das sei ne Folge der Warenproduktion und dem, man müsse die Gesellschaft umkehren, so daß statt Konkurrenz Solidarität sei, sonst wären Frauen zum Beispiel ganz zwangsläufig und immer angeschissen, das sei doch wohl klar , und die Gesellschaft könne man nicht mit Unterschriftensammlungen rumrücken, man müsse da auf die

Kacke haun, anders ginge das nun mal nicht. Das leuchtete ihr ein, außerdem ging ihr das Gerede allemal auf die Nerven. Da ist sie dann mit denen noch ein Bier trinken gegangen, hat über alles nachgedacht, denen zugehört. Die sagten, man müsse Revolution machen, haben von '68 geschwärmt, als die großen Demonstrationen noch waren und so. Das fand sie alles ganz stark. Auch so die Typen. Die haben dann von Anarcho erzählt. Das wäre einer, noch so richtig aus der Molly-Zeit und überhaupt, wenn der erstmal wieder rauskäme, dann würde alles anders.

Inwiefern denn, hatte sie gefragt, was würde der denn machen. Tja, meinten die, die Revolution eben, genau könnten sie das auch nicht sagen, das hinge dann von der Situation ab, je nachdem. Warum sie denn keine Revolution machten, hatte sie gefragt, das ginge doch wohl auch ohne den. Ja sicher, sagten die, klar, sie machten ja auch Revolution, das sähe sie doch, heute abend zum Beispiel, nun, es sei eben nicht mehr wie früher, ziemlich müde alles, also die Leute, die wären jetzt mehr so verschreckt, von wegen Berufsverboten, Knast und diesen Sachen, da wäre es schwierig, was zu machen, allgemeine Lethargie und Resignation irgendwie, damals wäre das anders gewesen, sie müsse sich das mal vorstellen, immer gleich zehntausend Mann bei ner Demo, Barrikaden und solche Aktionen, ja, das gäbe es heute schon alles gar nicht mehr, die Zeiten hätten sich gewandelt, da wäre der Schwung raus. Also zum Beispiel Cleaver, der verkaufe jetzt plötzlich Jeans mit Latz, was sie denn dazu sage.

Naja, sie kannte Cleaver zwar nicht, aber immerhin, revolutionär schien ihr das auch nicht zu sein.

Und jetzt sitzt sie hier mit den anderen im Cafe schräg gegenüber vom Knast, und gleich soll er entlassen werden und da sein, Revolution machen. Einer von ihnen, denkt sie, ist zumindest ein Bulle, sicher ist wo auch ne Kamera, Richtmikrofon und so. Eigentlich kein guter Start, wenn man das so bedenkt. Womöglich werden sie gleich alle wegen ner kriminellen Vereinigung verhaftet. Zuweilen machen sie das so.

Zuerst hatte sie ja einen richtigen Haß auf ihn, weil die Typen an sich nie was taten, mehr so meistens in der Kneipe sassen und davon redeten, wie das alles mal war und daß, also wenn Anarcho wiederkäme, daß dann alles anders würde. Eigentlich hatte sie sich Revolutionäre beträchtlich anders vorgestellt. Und sie fand es schlimm, daß sie nie was Konkretes unternahmen; wie, wußte sie zwar auch nicht so genau, denn wenn sie was vorschlug — Bombenanschläge, Entführungen, Attentate oder dergleichen, hatten die immer sehr einleuchtende Gründe, warum das nichts brächte, nicht ginge, blinder Aktivismus sei und so, aber andererseits fand sie, daß man nicht immer nur sagen könne, ach ja, das ist ja alles so schrecklich und überhaupt, der Faschismus wird immer offener, guck dir doch allein mal diese neuen Gesetze an, Ausbau der Polizei, Arbeitslose, 15 Millionen Kinder, die so abhungern im Jahr und dies, daß man da nicht immer nur sagen kann, ja also, das ist nämlich ne Folge vom Kapitalismus, der muß weg beizeiten, ganz klar, aber heute ist alles so lau und außerdem, jetzt kommt Anarcho ja sowieso bald zurück, und dann legen wir los, dem fällt schon was ein.

Aber das war praktisch die Lage, und dafür hat sie ihm irgendwie die Schuld gegeben, Aggressionen entwickelt, weil er — großkotzig, unanfechtbar und doch wie ein Hemmblock — zwischen allem letztlich stand. Natürlich nicht richtig, und überhaupt ist das Quatsch. Aber sie empfand das so, zumal sie auch nie was Gutes von ihm hörte, jedenfalls hielt sie das nicht für so rasend gut, was sie hörte.

Mal habe der Strauß wo ne Wahlversammlung gehalten, und da sei alles abgesperrt gewesen. Sie hätten da mit ner ganzen Menge wilder Typen gestanden, die Bullen auf der anderen Seiten und sonst war nichts. Da habe er plötzlich ne lange Latte ergriffen, sei wie wild, todesmutig und allein auf die Bullen losgestürmt, habe ne Bresche geschlagen. Die Bullen waren so verdutzt gewesen, daß sie erst gar nichts gemacht hätten, dann sei aber ne herbe Auseinandersetzung gefolgt, und der Strauß habe hintenrum ausgerückt, Sieg der Revolution. Naja, mag sein, denkt sie, aber irgendwie, naja, sie weiß auch nicht so recht. Dann sei er auch ein bedeutender Redner, also damals in der SDS-Zeit, als es noch immer diese Teach-Ins gab, da habe er seine großen Stunden gehabt. Mal sei der Kultusminister gekommen, wollte da was erzählen über diese Reformen, die die dazumal gerne im Mund spülten. Da sei der Anarcho nach vorne gegangen, habe groß gesprochen, währenddessen — respektive zugweise — fast ne Flasche Whisky getrunken, und dann habe der Minister, als er gerade welche Statistiken aufführte, hochgejohlt, daß das gelogen sei, was er da unterbreite, habe er sich darauf den Hut hochgeschoben, also Kumi, habe er da gesagt, wir sind doch hier nicht im Landtag, das müsse er mal ganz klar erkennen und nicht alles verwechseln. Na, da sei der gegangen und alle hätten sich gefreut. Ja, so sei das gewesen, und so'n Typ wäre der Anarcho.

Sie ist dann ziemlich oft zu den Leuten gegangen, hat mit denen von der Revolution geredet und Rotwein getrunken, hat die ganze Geschichte gehört. Manchmal war's gut, wenn auch weniger vom revolutionären Standpunkt her, mehr so allgemein, halt so die ganze Atmosphäre. Irgendwie jedenfalls. Meistens war das aber recht unbefriedigend, weil eben immer nur geredet wurde. Außerdem zeigten sich ihr auch bald die Kleinlichkeiten der Typen.

Am Anfang erschien ihr das, mit der Kommune und dem, sehr gut zu sein, kaum Aggressionen, alles ziemlich frei und offen. Nachher, als sie die Dinge durchblickte, sah das aber gar nicht mehr so gut aus. Das fing schon mit den Streitigkeiten um's Abwaschen an, auch kam es zu Schlägereien, hin und wieder. Entweder wegen politischer Sachen, wenn zum Beispiel Trotzkisten reinschauten, weil Trotzki nämlich paar anarchistische Genossen in Kronstadt erschießen ließ, so vor knapp 60 Jahren. Aber meistens eher wegen Eifersuchts-Geschichten. Auch gab es in der Regel nicht genug Mädchen. Sie hatte das ne Zeitlang ausgeglichen, weil ihr die Jungen ziemlich leid taten und es ihr nicht so wichtig war, ob sie mit dem nun mal schlief oder mit dem. Das hat sie dann aber erheblich eingeschränkt, weil sich laufend irre Probleme draus ergaben, Ansprüche, Generve und so.

Da fing sie schließlich auch an, auf ihn zu warten. Aber irgendwie war das furchtbar kaputt. Einerseits wußte sie ganz genau, daß alles stimmte, was sie sagten, sie dachte, daß man was machen müsse, daß sich das täglich hier überall hundertfach bestätige, aber andererseits war da immer diese Schwäche der Genossen, die Apathie der Leute umher, ihre eigene Angst und Unsicherheit. Klar, das ist so, weil eben alle, auch die Kämpfer, aus diesem System herstammen; aber wie kann man es überwinden, wo ansetzen, man muß doch was tun. Und außerdem, bei den Leuten fand sie's zwar immer noch besser als anderswo, aber geradezu glücklich, so, daß es ihr Kraft gäbe, war sie da nicht. Dazu war es zu kleinlich, unergiebig und schlaff. Nur wußte sie halt nicht, wie das zu ändern sei, hatte erst recht keine Alternative. Einiges machte sie zwar, ging zu allerlei Gruppen, verkaufte Zeitungen und dies, naja, das war's aber auch. Mal kam wer Neues, meistens aber nur Typen von früher. Nebenbei ging sie noch in die Schule, das aber mehr so ohne richtigen Grund.

Also wartete sie auch auf ihn, hoffte, sah sich die gammeligen Zeitungsfotos an, wollte ihm immer mal schreiben, kam aber nicht dazu. Teils weil sie nicht wußte wie, teils wohl auch ein bißchen aus Angst, daß er womöglich gar nicht so und die Lösung sei. Zwar hatte sie manchmal Briefe gelesen, die von ihm kamen, aber die waren ziemlich nichtssagend irgendwie, man konnte da kaum was draus ersehen. Sie las die dann nicht mehr.

Und nun sitzt sie hier im Cafe, wartet, daß er rauskommt. Sie weiß nicht mal, wie er eigentlich aussieht, denn die Fotos sind ja schon reichlich alt. Vielleicht wird er krank sein, immerhin, diese Jahre sind so 'ne Zeit, und so feudal werden sie kaum gewesen sein. Jedenfalls ist sie aufgeregt, erregt, sogar sexuell. Natürlich nicht wirklich, irgendwie aber schon.

Dann kommt er mit dem Anwalt über die Straße. Er hat einen langen gelben Staubmantel an. Er ist ein bißchen blaß, sieht aber recht heiter aus, lächelt, hat einen kräftigen Schnurrbart und halblange Haare. Wenn sie ihn sich irgendwie hätte vorstellen können, dann sicher so. Er entspricht ihrer Erwartung, und das hätte sie nicht gedacht. Jemand gibt ihm einen Strauß Rosen, er umarmt alle, auch sie, sagt, er brauche jetzt einen Kaffee, auch ein Cognac wäre nicht schlecht, aber nur einen, er wäre Alkohol schließlich nicht mehr gewöhnt. Dann sitzen sie so da, erzählen von früher und jetzt, trinken Kaffee und Cognac. Sie findet er sehr schön, überhaupt, alle sind guter Laune, er auch. Er sagt zwar nicht so viel, gibt aber verschiedene Anmerkungen, alles ist ruhig und ungekrampft.

Im Auto sitzt sie neben ihm, lehnt sich mit ihm aneinander, keine Frage, das geschieht einfach so. Sie fühlt sich sehr wohl.

Am Abend fragt er sie, ob er bei ihr schlafen könne. Klar, sagt sie, sie habe das absolut gehofft. Er auch, sagt er. Es zeige sich eine Liebe bei ihm für sie. Nur, sie müsse bedenken, er sei jetzt sechs Jahre weg gewesen, wisse nicht, wie das mit ihm so sei. Das wäre ihr vollkommen gleich. Aber er ist weder impotent, noch springt er sie an wie ein Schrat. Keineswegs. Er ist sehr lieb, und sie fühlt sich zufrieden, fast glücklich, liegt mit ihm da, eng, zärtlich und rauchend, erzählt, was so sei. Er sagt die Sachen vom Knast, ohne Dramatik, nicht hysterisch, nur so. Er sagt, er hätte sie lieb, gut, daß sie da sei. Das findet sie auch, sagt das, wundert sich, warum ihr alles so schwierig erschien, so kleinlich, kaputt.

Sie halten sich die ganze Nacht umarmt. Er schnarcht nicht, kotzt ihr nicht ins Bett, macht keine dämlichen Sprüche, heult nicht rum. Am Morgen will er mit ihr Brötchen kaufen gehen. Das machen sie, essen Frühstück. Ziemlich viele Leute kommen hinzu und vorbei. Teils alte Bekannte von ihm, teils welche, die ihn mal sehen wollen, einen aus'm Knast, denn immerhin, das hat man nicht alle Tage. Die wollen wissen, was er jetzt so vorhat. Er sagt: mal sehen. Erstmal würde er ein bißchen bei nem Rechtsanwalt arbeiten, müsse auf die Dauer ja auch von was leben, und mit den Sachen kenne er sich jetzt gut aus. Und sonst, ja, mal sehen. Womöglich Mexiko, da ginge es doch ganz gut an. Auch habe er Spanisch gelernt.

Die Genossen waren ziemlich enttäuscht, die alten Bekannten sagen, daß Anarcho nicht mehr der Alte wäre, irgendwie schiene er resigniert. Ob das zutreffe, fragt ihn einer. Er verneint das.

Sie findet das auch nicht, wirft den Leuten blinden Aktivismus vor und überhaupt, es brächte doch nichts, sei fragwürdig zudem, jetzt irgendwas zu machen, einfach so, man müsse die Situation einräumen. Was mit ihr denn los sei, sonst habe sie doch immer gedrängt, oder sei es so, daß sie jetzt heiraten wollten, Familie gründen und so.

Nein, sagt er, so wäre es nicht, ihm schiene nur manches falsch an ihrem Treiben. Es sei nicht gut, immer in den alten Mustern rumzumachen, und damals sei es so gewesen, daß man dieses ganze quirlige Leben hatte, das Voran und all diese Leute. Da hätte man die Kraft rausziehen gekonnt. Heute wäre das anders, der Kadaver des Damals von gestern gebe ihm sicher keine Kraft, könne das nicht. Aber er habe jetzt diese Liebe, also sie, und daran könnte er sich schon festhalten, jedenfalls einstweilen. Nun wolle er vorerst ne Zeitlang schlichtweg arbeiten und dann, ja dann würde er halt mal sehen, Mexiko oder so. Je nachdem. Klar, der Kampf ginge weiter und sicher, auf ihn könne man zählen, wenn was anstände, nur diesen alten Dreck, den wolle er jetzt nicht mehr. Wieso Dreck, fragte sie, würdest du es heute, wenn alles noch mal so wäre, anders machen? Damals, sagte er, war es ja kein Dreck, und außerdem, wenn ich dich jetzt in die Arme nehmen kann, naja, je ne regrette rien.

Humane Untersuchungshaft

Seit zwei Jahren
und paar Monaten
sitze ich im Gefängnis
und werde verfügt.
Meine Haut ist brüchig
und schabt
sich schuppig ab,
mein Haar fällt
langsam aus,
das Zahnfleisch geht zurück,
mal ein Zahn.
Ich sitze hier
und warte,
habe Kopfschmerzen,
stichartig rechts,
an der Schläfe,
mal links,
schreibe Briefe.
Ab und zu beschlagnahmen sie die.
Wenn ich huste
oder mich erhebe,
sehe ich Sterne,
wird mir flau.
Manchmal kann ich nicht mehr stehen.

Der Arzt
gibt mir Tropfen,
und Pillen,
aber an sich fehlt mir nichts.
Schlafen soll ich
acht Stunden pro Nacht,
solange ist das Licht gelöscht.
Ich tue nichts,
und vom Warten,
wird man nur mürbe,
nicht müde.
Ich wandle die Nächte hindurch,
drei Schritte vor und wieder zurück,
friere,
rauche,
huste,
Sterne. Manchmal sehe ich dich
vor mir,
träume von dir,
habe Angst.
Stündlich
kommt die Wache vorbei,
zuweilen sehen sie
durch den Spion in der Tür,
man fühlt es dann.
Das Essen ist nicht schlecht,
kein Fraß
aber grau;
man stochert ein bißchen,
schlingt es hinab.
Sonst geht es mir ganz gut,
man schlägt mich nie,
und mehr zu sagen
gibt es nicht,
ich werde verfügt.

Zynthia

Eines Morgens — es war ein Dienstag im November — trottete ich gähnend und fröstelnd durch die Hanns-Martin-Schleyer-Straße. Früher hieß sie Carl-von-Ossietzky-Allee, aber man hat sie umbenannt. Aus gegebenem Anlaß, denn die Bäume sind dort eingegangen, und wer hätte je eine Allee ohne Bäume gesehen. Ich trottete also hindurch. Ich war auf dem Weg zur Arbeit. Ich bin Lackierer in einer Reparaturwerkstatt für Automobile.

Plötzlich vernahm ich Stimmengewirr und anderen Lärm, den man zu so früher Stunde sonst selten zu hören bekommt. Ich riß die Augen ordentlich auf und bemerkte, daß ich mich unmittelbar vor einem Menschenauflauf befand. Nanu, dachte ich, was ist denn das? Das ist doch unnormal. Die Menschen, die ich sah, gestikulierten enthemmt und hatten verzerrte Gesichter. Mein Erstaunen wuchs. Einer rief: „Benzin her, sofort ausräuchern das Geschmeiß!" Andere waren dagegen und forderten die Polizei. Ich fragte einen Herrn mittleren Alters, was geschehen sei. Er war so aufgeregt, daß er gar nicht richtig die Worte fand, er schrie immer nur: „Da! Da! Da!" ich folgte blickmäßig seinem in Streckung befindlichen Zeigefinger und sah in einer Toreinfahrt, der von Möbel-Meyer und Söhne, eine Prinzessin und einen kleinen fauchenden Drachen. Die Einfahrt war nach hinten hinaus durch ein großes schlechtgestrichenes Gartentor versperrt. Vorne brodelte die Menschenmenge im Halbkreis dichtgedrängt. Ich überblickte die Situation spontan und erkannte, daß die beiden im Portal in einer bösen Falle sassen. Ich drängte mich vor und fragte eine besonnen aussehende Dame — Typ Chefsekretärin — was das zu bedeuten habe. Warum man die beiden in Belagerung hielte. „Terroristen wahrscheinlich", sagte sie kühl. „Wieso, woraus schließt man denn das? Hat man Beweise?" — „Na, hören Sie mal, Sie sind wohl blind. Das sieht man doch. Unschuldiger Blick, klare Stirn und die Kleider." Sie hatte ein bodenlanges schwarzes Samtkleid an, über dem sie ein mit schwarzen Spitzen besetztes Cape in mexikanischem Rot trug. Ungemein schön und prächtig. „Na, ich würde eher vermuten, daß es sich um eine Prinzessin handelt, wenn nicht gar eine Fee", warf ich ein. „So," rief sie höhnisch, „Prinzessin, Fee, sind Sie verrückt? Und was wäre das für ein Ungeheuer an ihrer Seite? Vielleicht ein Schoßmops, was? Nein, mein Herr, das ist ganz klar: eine Terroristin mit Sympathisant. Erzählen Sie nichts!" — „Ach Sie, Sie sind ja überdreht, bei Ihnen piept's wohl!" rief ich empört und schnellte mit einem kühnen Teufelssatz durch's Gedränge und in den Halbkreis hinein. „Fürchte nichts, du schöne Frau, ich bin dir zum trutzigen Beistand gekommen!" Der Drache fauchte und verströmte Schwaden von feinstem Parfüm. Ich zog meinen Degen blank, verneigte mich und küßte ihr stumm die Hand. Ich war nämlich ziemlich verlegen, weil ich meinen alten, farbenbekleckster Overall trug. Ich hatte schließlich zur Arbeit gewollt. Sie sah mich holdreizend an und ich sagte schnell: „Pardon, Madame, leider kann ich kein Französisch..." — „Ich auch nicht," entgegnete sie, „gut trifft sich das." Ich streichelte den Drachen ein wenig und vermeldete in fliegender Hast, daß die Lage verdammt ernst sei, die Leute hier wären wild, und man wolle sie alsbald massakrieren. „Das ist mir absolut klar und bewußt, aber wenn du stark bist und voller Mut, gäbe es womöglich noch eine Chance." — „Na, für dich tu' ich alles, sag mir nur wie!" Mit lächelndem Blick erklärte sie mir: „Lubomir, mein Drache, kann fliegen, und wir könnten durch's Gewölk entschwinden. Nur braucht er zum Starten einen kleinen Anlauf, denn aus dem Stand kommt er einfach nicht hoch, verstehst du?" Ich nickte und raunte ihr zu: „Ich werde einen Ausfall machen und euch eine Bresche schlagen." — „Gut," strahlte sie mich mit Dankbarkeit an, und das, obwohl ich nur ein Lackierer im Overall bin, „nur mußt du dich, wenn wir nachgebraust kommen, mit sicherem Griff auf Lubomirs Rücken hinter mich schwingen, denn wenn du es fehlst, bist du verloren." — „Ach," erwiderte ich, „das werd ich schon schaffen; sag mir nur eins noch — du, die du mein Augenlicht bist —, wie ist dein Name, denn wenn ich jetzt falle, so will ich doch wissen, für wen." — „Zynthia bin ich, mein Retter. Und wie nennt man dich?" — „Och, ich heiß eigentlich Frank, Frank Brockelmann genauer gesagt. Brockelmann mit CK." — „Macht nichts," hauchte sie sanft, „ich werde dich Ruodlieb rufen." Ich verbeugte mich abermals, sprang dann furios auf dem Absatz herum, brüllte: „Hurrah!" und stürmte mit dem Degen in der Hend auf den Menschenpulk zu. Ein paar stach ich ins Fett, der Rest stob vondannen. Sie wären in alle Winde gestäubt, aber das Gedränge war dichter als ihre Angst. Indes, immerhin, die Bresche war da, und schon hörte ich Lubomir hinter mir angeschnaubt kommen. Ich zögerte keinen Moment und setzte sportlich zum Sprung an. Da jedoch geschah das Malheur. Es lag eine Bananenschale auf dem Trottoir, und ich rutschte aus. „Verdammte Scheiße!" schrie ich vor Wut. Aber es half nichts, es war schon zu spät, sie waren weit in der Luft. Sie kreisten noch, und es schien, als wollten sie wieder zur Landung ansetzen, aber ich brüllte stimmgewaltig empor: „Hinfort! Rettet euch, sonst werden wir alle zerfleischt!" Und ich sah mit Erleichterung, wie sie im Himmel entschwanden. Die rasende Menge wollte mich alsogleich strangulieren, aber glücklicherweise stand weit und breit kein Baum mehr, um mich daran zu henken. Man schlug mich deswegen einstweilen zu Boden und stampfte auf meinem Körper herum. Blut schoß mir aus Ohren, Nase und Mund, Knochen hörte ich bersten, die Augen quollen schier über. Dann schwand mir der Sinn.

Als ich erwachte, durchfuhr's mich, Potzblitz, du bist noch am Leben. Aber mir tat alles weh, und ich versank wieder in ohnmächtigen Schlaf. Zuweilen drangen Rufe in mein geplagtes Gehör, dergestalt wie: „Gesteh, du Lump, wir wissem längst schon bescheid, du bist durchschaut!" Mir schwante sogleich, daß ich Gefangener war; offenbar trieb man Verhöre mit mir. Einmal war ich kurzfristig bei klarem Gemüt und rief: „Meine Herren, ein Anwalt soll her, und zwar Croissant!" Sie lachten mit Häme und johlten: „Ist wohl meschugge der Kerl, bißchen plemplem, Croissant will er haben, haha, hoho, hihi!" Da wurde es wieder schwarz um mich und finster wie Pech.

Bis ich erneut zu mir kam und in schwimmendem Licht die feengleiche Zynthia erblickte. Auch Lubomir, der Drache, war da. Es war Nacht, und ich lag angekettet auf einer Pritsche darnieder. Am Fenster war ein Gittergeflecht, doch der Mond schien herein, und Zynthia war in Silber getaucht. „Mir träumt, ich sehe Zynthia und Lubomir!" rief ich und hatte Gram im Herzen. „Aber nein, mein Ruodlieb, das ist kein Trug, das ist kein Traum, wir sind bei dir, doch dämpfe schleunigst deine Stimme und täusche eine Ohnmacht vor, denn Schergen, Büttel und Verfassungsschutz umlauern deine Zelle." — „Mein Gott, geliebte Zynthia, sag, ist das wirklich war?" Sie nickt stumm und feierlich. „Aber", raunte ich, „das kann doch gar nicht sein. Wie seid ihr denn hier reingekommen, wenn Gitter vor dem Fenster prangen und Schergen vor der Türe lauern. Erzähl doch keinen Scheiß. Und außerdem, ich sehe deine Arme sanft sich um mich schlingen, doch nimmer spür ich sie, wie geht das an?" — „Pscht, pscht, mein Ruodlieb, du bist zu laut. Nun höre, was ich dir berichte: Lubomir und ich sind körperlos und unsichtbar." Ich wollte widersprechend schon Protest erheben, aber erstens taten meine Rippen weh und zweitens hielt sie mir den Finger vor den Mund. „Ich weiß schon, was du sagen willst," fuhr sie in ihrer Rede fort, „aber besser lauschst du jetzt mal meinen Worten. Der Sachverhalt ist nämlich der, daß man uns des Nachts nicht sehen oder fühlen kann." — „Und warum sehe ich dich dann?" Sie runzelte die Stirn und sagte etwas ärgerlich: „Du, hör mal zu, so geht das aber wirklich nicht, daß du immerzu dazwischenquarkst, so kommen wir zu keinem Ziel." — „Na gut, ich bin schon still, erkläre dich!" — „Also, Ruodlieb, mein Retter, du siehst uns jetzt, weil du mich liebst und ich dir Blicke gab, spezielle, nur für dich. Die andern sehn uns nicht. Das ist der eine Punkt. Indes, wir sind, sobald der erste Sonnenstrahl erscheint, wie jeder andre auch mit Körpern und mit Sichtbarkeit behaftet. Das währt, bis daß die Sonne abends wieder sinkt. Mithin kann man uns nur bei Tageslicht erblicken, sonst sind wir praktisch gar nicht da, zumindest nicht für Büttel, Schergen und Verfassungsschutz. Nun stehen die Dinge so, daß wir des Tages in unsrer Höhle uns verstecken. Tatsächlich ist dies eher ein Palast, jedoch, er liegt am Schilf und unter einer Schicht von Erde. Gewissermaßen also eine Höhle, kann man sagen. Dort schlafen wir in Ruhe und mit Friedlichkeit, solange die Sonnenstrahlen durch die Lüfte tanzen, denn oft schon, wenn wir sichtbar waren, haben wir solch Grauen miterleben müssen, wie damals, als du unser Retter wurdest. Das ist der Grund, weswegen wir uns eigentlich tagsüber nicht aus unsrer Höhle wagen. An jenem Tag jedoch geschah das Mißgeschick, daß Lubomir, der Drachenstrolch, zu viel vom scharfen Schnapse soff und sich dann prompt verflog." Ich sah den Drachen tadelnd an, und der ließ seinen Fuß betreten scharren, denn er schämte sich. „Nun ist es dergestalt," erzählte sie mir weiter, „daß ich dich hier befreien und entführen will. Das ist ja klar. Nur ist dies voller Tücke und keineswegs so einfach zu verrichten, wie es scheint, denn du bist allen deutlich sichtbar, liegst an einer schweren Kette, bist verletzt, und deinen Degen hast du auch nicht mehr, um dir den Weg zu bahnen." — „Ach Zynthia, laß mich an deinem festen Busen schmachten, das wäre mir schon viel, was will ich mehr, verloren bin ich sowieso." — „Auch das geht nicht, mein Ruodlieb, du fielest durch den Busen durch und schlügest dir den Schädel ein, denn auch für dich bin ich des Nachts nicht körperlich und kann dir keine Stütze sein. Und wenn ich selbst mich nicht vor Morgengrauen vonhinnen pirsche, wird man mich schnappen und zu Tode foltern — oder Lubomir die Flügel stutzen, und ohne Flügel sind auch Drachen aufgeschmissen, zumal der Lubomir, wo er so harmlos ist und Wohlgeruch verströmt — statt Galle, Gift und Geifer." — „Geliebte Zynthia!" rief ich mit Seufzern in der Stimme, „dann müssen wir das Schicksal eben tragen und erdulden." — „Ach Quatsch," Zorn klang mit in ihrer Stimme, „das fehlte noch, ich will dich hier nicht sterben sehn, ich denke gar nicht dran, wir müssen eine List aushecken, du sollst doch mein Geliebter sein, dich habe ich erkürt, damit du's weißt, und niemals lasse ich von meinem Willen," Da schwiegen wir und sah'n uns traurig an. „Was bist du eigentlich für'n Wesen?" fragte ich beizeiten. „Ach, das ist äußerst schwierig zu erklär'n, drum will ich mich beschränken, mich dir als emigrierter Flußgeist vorzustellen. Der Fluß hat mir zu sehr gestunken. Weißt du, gleich nebenan kocht die Chemie mit ihrer Industrie, und das hat mich vertrieben. Genauso ging es Lubomir, der einst im Walde hauste; in jener Zeit, da man noch hausen konnte. Jetzt haben sie den Wald entholzt und Halden für den Müll gebaut. Da haben wir uns eingegraben. Der Lubomir und ich, und zwar mit Schaufeln und mit Spaten. Das war kein leichtes Werk, jedoch, wir haben es vollbracht und mit der Zeit uns einen prächtigen Palast geschaffen. Nur fehlt mir fürchterlich ein Liebster und Gespiel für trübe Stunden. Weißt, Ruodlieb, wir könnten miteinander schmusen und uns kosen." — „Ach Zynthia, wäre das schön, denn ich bin matt und brauche deine Wärme, nur ist es aus, ich bin in deren Hand und ganz und gar verloren, wir haben keine Perspektive, die Bösewichter lauern vor der Tür, die Fenster sind vergittert, und wenn sie merken, daß mein Körper neue Kräfte sammelt, wird man mich prozessieren und vergasen, das ist auf dieser Welt so üblich, alte Sitte, alter Brauch, das tun sie immer, wenn sie eines habhaft werden." — „Mein Ruodlieb, wo ist dein Mut geblieben, nur Toren sind bereit, sich zu ergeben!"

— „Du," sagte ich und streichelte die Luft, „du kannst gut reden, dich hat man nicht zerstampft und an die Wand gekettet, du bist frei und hast den Drachen samt der Höhle. Auch bist du schön, unendlich schön und weich, ein jeder würde voll Entzücken dein Geliebter sein, wenn du ihn ließest. Ich indes bin alt und krank und vollgekleckst, was soll ich lange reden, ich bin die Mühe nicht wert, es lohnt sich nicht, ich will jetzt sterben, laß mich sinken!" — „Ach was, du alter Blödelant, dir fehlt der Überblick, du bist geschwächt und ganz verwirrt, das ist es und sonst nichts. Jedoch, ich sehe schon, auf dich ist kein Verlaß, ich muß dich ganz alleine retten. Na gut, ich will mich sputen. Drum schlaf jetzt schön, mein bester Ruodlieb, und träum von deiner Zynthia, ich werde immer bei dir sein und dich behüten." Und schon war sie im Drachenritt mit Lubomir entschwunden. Ich hätte sie gern geküßt, nur ist die Luft nicht küssenswert.

Die nächsten Tage, Wochen, war ich ohne Trost und ohne Zynthia, auch Croissant kam nicht vorbei, und nirgends war ein fester Busen, der sich geboten hätt als Ruhekissen meinem müden Haupt. Nur Staatsgewalten wollten mich vernehmen, jedoch, ich sagte ihnen, haut bloß ab, Gelichter, euch will ich nimmer sehn, ihr seid mir keine Augenweide, euch hab ich nicht lieb. „Hehe, der Kerl ist unverschämt, der will sein wüstes Treiben nicht bereuen, den müssen wir mit Sputung jetzt vergasen!" Das riefen sie, die Schurken. Und wenig später kamen sie mit Richtern und mit Akten, um mir den Tod zu judizieren. Als dies geschehen war, schwoll Jubel an, und Beifall brauste — mir war ganz jämmerlich zumute.

Sie brachten mich in eine Kammer, um mich zu vergasen. Jetzt geht's dir an den Kragen, dachte ich. Doch Donnerwetter, jenes Gas roch wie Parfüm — Marke Nina Ricci würd ich schätzen —, der Tod war fast schon angenehm. „Hab Dank für diese linde Todesqual!" rief ich mit Rührung in der Stimme und sank hinab in einen tiefen Schlaf.

Hallo, was ist denn das für'n sonderbarer Tod, bei dem ich durch die Lüfte sause, ging's mir im Kopf herum, als ich erwachte. Da sah ich vor mir Zynthia sitzen, und unter uns war Lubomir. „Juche, ich bin gerettet!" rief ich frohgemut und voller Wonne; da schwang sich Zynthia zu mir herum und bot mir ihre Lippen. Wir wollten schon der Leidenschaft dort oben frönen, jedoch, das ließen wir, denn Lubomir, der gute Drache, keuchte schwer und wäre fast hinabgestürzt. „So will ich dir derweil erzählen, wie's uns gelang, dich vor dem Tod zu retten, mein Ruodlieb, Geliebter. Denk dir, wir haben schlicht die Düsen ausgetauscht und dich mit Wohlgeruch betäubt, so daß sie dachten, du wärest tot. Und als sie dich dann in die Erde scharrten, kam ich mit Lubomir herangesaust, und schleunigst griffen wir als meisterhaft trainiertes Grabeteam zu Schaufeln und zu Spaten, um dich aus deinem Sarge zu befrein. Na, und jetzt, jetzt sitzt du neben mir und baumelst mit den Beinen. Ach Ruodlieb, wie bin ich froh!" — „Und ich erst, liebste Zynthia, wie wohl mir deine Nähe tut, wie schön du bist, wie weich, ach Zynthia!"

Für die Genossen im Knast

Die Einsamkeit des Straßenkämpfers

Daß wir sie hassen,
ist nicht,
weil sie uns,
die wir sie bekämpfen,
der Kräfte, des Willens, des Lebens
entquälen;
nein,
deswegen nicht.
Aber, 74,
im letzten goldenen Jahr
verkauften nämlich
alleine die USA
Waffen
für 20
Milliarden Dollar.
Ohne den eigenen Bedarf.
Und 74,
im selben goldenen Jahr,
starben woanders
15 Millionen Kinder —
nicht Dollars —
an leerem Bauch.
Das wären —
ohne Inlandsverbrauch —
1000 Dollar
pro Kind
und pro Bauch.

Schwarze Strümpfe

Ich, Wolfgang Zecke — früher mal Wolf Zacker genannt —, bin das, was man unter einem verkommenen Subjekt versteht. Früher war das anders. Klar. Aber das ist nicht neu: Wer nie oben war, kann auch nicht fallen. Wenn ich Ihnen jetzt sage, daß ich von Berufs wegen Toiletten scheure und Fußböden bohnere, so meinen Sie, des Rätsels Lösung gefunden zu haben. Aha, der hat Haß, weil er der Dreckwegmacher für andere ist. Weit gefehlt. Das ist es nicht. Ganz im Gegenteil, ich habe mich längst daran gewöhnt. Das ist der Grund. Deshalb bin ich versunken, verkommen, zum Abschaum geworden.

Ich bin achtunddreißig Jahre alt, versoffener Kabarettist, runter von der Bühne und alles, Frau weg, nun, Sie werden das kennen. Hundertmal schon gelesen. Genial, aber schwach. Charakter. Künstler eben. Ja, so war es nicht. Keine Spur. Es war ganz anders. Ich hab die Leute ausgezackt, Nacht für Nacht, hab gesagt, Mädels, also so ist das, und Jungs, also solche Schweine seid ihr, und Ratten, da könnt ihr es sehen, habt doch mal Scham und so weiter. Sie haben immer geklatscht und genickt: genau, recht hat er, der Wolf, gut gezackt, alter Wolf, weiter so!

Und einmal hab ich in ihrem Papierkorb einen schwarzen zerrissenen Strumpf gefunden. Mein Gott, stellen Sie sich das bloß mal vor. Einfach so, mir nichts dir nichts. Ein schwarzer Strumpf, der Stunden zuvor noch ihr weißes Bein umspannte. Unglaublich. Mir wurde ganz schwach. Ich hab mich einen Moment hinsetzen müssen und vom Gin geschluckt. Ich hab nämlich so eine Art Feldflasche mit Gin drin.

Das war im Zimmer von Frau Dr. Wagner, Dozentin für Philosophie. Dritter Stock, altes Hauptgebäude. Also meine Etage. Die ich unter mir habe, dort, wo ich putze. Das sind auf der einen Seite des Flurs zehn Zimmer von Professoren und diesem Gevölk; gegenüber zwei große Seminarräume, Geschäftsstelle, Teeküche, Toilette, Matritzenraum. Nein, keine Matratzen, sondern Matritzen, also zwecks Vervielfältigung von Geschriebenem. Außerdem noch die Treppe zum vierten Stock, und dann die Bibliothek. Da aber nur feucht wischen. Nebelfeucht, wie Feldmann sagt. Den Flur: feudeln und danach mit der Bohnermaschine, Feldmann ist Vorarbeiter. Ehemaliger

Unteroffizier. Vormals Sportkompanie. Boxer, Halbschwergewicht.

Ich hab den Strumpf mit nach Hause genommen und unterm Kopfkissen geborgen. Fortan konnte ich schlafen. Frau Dr. Wagners schwarzem Strumpf wegen. Nicht, wie Sie jetzt denken, also, daß ich Fetischist wäre. Es ist nur, weil ich etwas von ihr haben muß, um ihr meine Gedanken träumen zu können. Im Prinzip würde auch ein Hut reichen. Nur könnte der nicht die Nähe vermitteln. Ihre Nähe. Umspannte niemals ihr Fleisch.

Sie werden gemerkt haben, ich bin verliebt. Bis über beide Ohren bin ich verliebt. Ich, Wolfgang Zecke, — früher Wolf Zacker genannt —, bin unsterblich verliebt.

Schon lange vor der Sache mit dem Strumpf war sie meine Favoritin. Kein Zimmer hat je so geblitzt wie das ihre. Sie las damals Dostojewskij, Der Jüngling. Ich habe ihr an entscheidenden Stellen immer Vermerke gemacht und Papierschnitzel reingelegt. Sie mag sich gewundert haben. Auch habe ich in ihrem Zimmer eine Grundreinigung vorgenommen. Feldmann war begeistert — ich habe das ganze alte Bohnerwachs mit Speziallöser entfernt und neu aufgetragen. Wird jetzt täglich poliert. Mit Filz. Dort per Hand, wo ich mit der Maschine nicht rankomm. Von 21 Uhr bis 1 Uhr bin ich an der Arbeit. Zwei Stunden für sie, zwei für den Rest. Ich bin verdammt routiniert, ein alter Hase, ich kann den ganzen übrigen Kram in zwei Stunden verrichten, zwar mehr so oberflächlich, klar, und ohne Grundreinigung, aber Feldmann merkt das nicht. Auf mich hat er Verlaß, denn bei den Philosophen ist immer alles no trouble und ohne Beschwerden. Ich putze täglich ihr Fenster, obwohl das keiner verlangt. Es gibt einen Fensterputzer, der einmal des Monats sämtliche Glasscheiben zur Durchsichtigkeit reibt. Das genügt mir aber nicht. Jedenfalls nicht bei ihr. Ich habe mir auf eigene Rechnung eine Flasche Sidolin zugelegt. Das Ledertuch indes gehört unserer Ausrüstung an. Wegen der Spiegel. Es gibt nämlich in jedem Zimmer ein Waschbecken mit Spiegel. Aber nicht wie im Knast, sondern schön verborgen, verkleidet im Schrank.

Außerdem hab ich ihr ein Stück französischer Sandelholzseife gekauft. Natürlich denkt sie, das wäre normal, das wäre vom Staat. Ist aber nicht, ist von mir.

Sie haben mich totapplaudiert, diese Schweine. Sie haben immer geklatscht und meine Schärfe im Ausdruck gerühmt. Gut gezackt, alter Wolf, nur weiter so! Ich mit meiner Geige, Hosenträger, Haare rot wie ausgekotzt, aufrührerisch, Rebellion. Heute würden sie mich einen Punk nennen. Ich war aber schon viel früher da. Ich war kein Punk, ich war Zacker. Ich hab auf der Bühne getobt und gebrüllt. Dreimal vorbestraft allein wegen Körperverletzung. Dann noch wegen Beleidigung, Verunglimpfung der Republik, Widerstands gegen die Staatsgewalt, Reitens ohne Sattel, Aufforderung zur Begehung von Terror, na und so weiter. Sechs Jahre Knast insgesamt, aber immer nur in kleinen Brigaden. Niemals mehr als acht Monate auf einen Coup.

Und dann ihr Strumpf. Mein Gott, so ein Strumpf. Und der um ihr Bein. Unglaublich. Sexuelles spielt rein, natürlich, wo wäre das nicht, aber, man muß differenzieren. Sie wissen — so, daß man's nicht gleich sieht und nur zufallsgemäß darauf stößt.

Natürlich hat sie gedacht, das wäre ein Student, womöglich ein Kollege. Wer denkt an uns, daß wir putzen. Wer denkt, daß es Putzmänner gibt, die sich verlieben. Gintrinker, verkomm'ne Subjekte.

Oft auch gibt es Schlägereien bei uns. Die Kolonne setzt sich zum Großteil aus Arbeitslosen zusammen, Pennern, Matrosen und paar echten Raumflegerinnen aus Griechenland oder Italien. Fünf Mark auf die Hand. Zwanzig pro Abend. Und das bei Nachtarbeit. Das für den Dreck. Manche kommen gleich an: Vorschuß, Feldmann, oder ich hau dir die Birne zu Brei. Aber Feldmann kennt sich aus, dem haut so leicht keiner die Birne zu Brei. Die meisten sind Alkoholiker. Und wenn sie mit den schweren Bohnermaschinen durch die Gänge nageln, dann kracht's im Mauerwerk. Da ist Feldmann schwer beschäftigt, und ich bin sein Star. Kann eisenblank wienern, nebelfeucht wischen und bin am längsten bei dem Verein, schon drei Jahre fast. Und immer auf dem Quivive. Ja, Wolfgang Zecke kann so gut bohnern, wie Wolf Zacker geigen konnte.

Dann habe ich ihr einen Cezanne an die Wand gepinnt und Zettel in die Brüder Karamasow gelegt, später in den Idioten. Eines Tages begann sie, Widerspruch zu erheben. Sie würde das ganz anders sehen. Ich würde immer die falschen Stellen anstreichen. Wir bekamen Streit und strichen uns gegenseitig die Anstriche aus. Manchmal beschimpften wir uns. Dann schlief ich schlecht und machte mir Sorgen.

Ich deutete ihr an, daß ich Liebe empfände. Untermalte solche Passagen mit rot. Also die, wo Mitja, na Sie wissen ja selbst.

Nach vierzehn Monaten fand ich wieder einen Strumpf im Müll. Einen schwarzen. Schwarz wie die Nacht. Schwarz wie die Liebe. Schwarz wie der Dreck unter meinem Fingernagel. Und wie die Traurigkeit. Traurige Mitternachtsliebe mit Dreck und im Müll.

Wissen Sie, wie es riecht, wenn man einen Tamponeimer ausleert? Haben Sie schon mal Kaugummis und Zigarettenkippen aus den Pißbecken im Herrenklo gepflückt?

Na, und dazu Dostojewskij. Ich habe ihr einen Schal gestrickt. Aber sie hat ihn drei Tage nicht angerührt. Da hab ich meine alte Grammatik rausgeholt und ihr in edelstem Griechisch hingeschrieben, daß er für sie sei, extra gestrickt und drei Meter lang. Schwarz natürlich. Wie sonst.

Sie haben sich anrotzen lassen und dazu noch geklatscht. Mitunter kam die Polizei und hat mich geholt, da haben sie gleichfalls geklatscht. Knabbercocktails gefuttert, Bier getrunken, progressiv aus der Flasche. Ich hab geschrien, fünfzehn Millionen Kinder verhungern, und ihr freßt, und ihr juxt, ihr Säue. Mit Napalm machen sie rum, und ihr klatscht. Dann habe ich die Geige genommen und gespielt, was nicht ist, was sein könnte. Hab damals schon von schwarzen Strümpfen geträumt. Von ihrem Strumpf. Nur von ihrem. Andere lassen mich kalt.

Eines Tages hat sie mir aufgeschrieben, was sie bedrückt. Ich kann das nicht wiederholen, wär link, war nur für mich bestimmt und sonst keinen. Und sie hat mir erzählt, daß sie den Strand liebt und das Meer, wenn es rauh ist. Ich hab das alles mit Schweigen bedacht, hab ihr nur Träume komponiert, die Noten deponiert. Klavier könnte sie spielen, verriet sie mir dann, und meine Lieder wären ihr viel, zumal wenn alles übrige arg sei.

Am Anfang war mir die Arbeit ein Greuel, und ich hatte Haß, war halbtot, wenn ich nach Hause kam. Aber es ging immer leichter, ich bin schon ein Bohnermaschinenartist. Und es macht mir nichts mehr aus, die Toiletten zu schrubben. Zuerst noch mit Gummihandschuh, aber das kostet Zeit und hemmt den Arbeitsablauf. Jetzt mach ich das einfach so und mit bloßer Hand. Das hat natürlich das Geigenspielen zerstört, denn mit rotgeschundener, rissiger Hand, vom Gin zum Zittern gebracht, kann man nicht geigen. Das wissen Sie längst.

Aber wem sollte ich geigen; und was sollte ich geigen, wo ich nicht tobe und kein Messer mehr wetze, wo Wolf Zacker, gut gezackt, nur weiter so, sich ausgezackt hat, nicht mehr kämpft, nicht mehr tobt und kein anderes, besseres Lied mehr geigend verkündet. Hat keinen Bock mehr gehabt, hat Flure gewischt und gegrollt und Haß gehabt. Aber der Haß ist perdü. Hat schwarze Strümpfe gefunden, ist poetisch geworden. Kann nicht mehr geigen. Und nicht mehr toben. Ist verkommen, gefallen, fast schon verreckt. Nur noch sie und ihr Strumpf sind geblieben. Schwarze Strümpfe, Nächte, Liebe, Traurigkeit. Und Dreck.

Drei Jahre lang hab ich's gezwungen und sie nicht aufgesucht. Dann eines Tages, da bin ich hin ins Seminar, das sie machte. Hab's nicht mehr gepackt, war zuviel für mich. Natürlich ganz in schwarz. Hab die Geige mitgenommen. Nur so zum Spaß. Dachte mir, spielst am Ende ein Liedchen.
Hatte vergessen, wie's um die Hände jetzt steht. Bin also hin. Logische Propädeutik. Na, Sie kennen das ja.

Ich also rein mit der Geige am Arm. Total zu spät, und sie da vorne am Tisch. Schön wie die Nacht. Rauh wie das Meer. Weit wie der Strand. Schwarze Strümpfe um weiße Beine gespannt. Mein Gott, war sie schön. Bin gleich in Ohnmacht gekippt.

In ihrem Zimmer dann wieder zu mir gekommen. Auf dem Fußboden, grundgereinigt und blank. Ich sah ihre Augen. Und ihr Bein, schwarzbestrumpft, war neben mir. Du Narr, sagte sie, und ich sprang auf und lief weg. Doch die Geige ließ ich bei ihr.

Lied der Seehunde im Zoo

Und, jenes wilde Lied,
weil's schwarz erklang,
kann nicht mehr klingen,
denn diese freie Stimme,
weil sie's sang,
kann nicht mehr singen.

Denn
man hat die Zunge rausgerissen —
Denn
man hat die Lunge rausgerissen —
und ohne Lunge kann kein Ton entspringen,
und ohne Zunge sich kein Lied entringen.

     Kein schwarzes Lied,
     Kein freies Lied,
     Kein Lied.

27.4.74

Der Fischmann und die Flußjungfrau

In einem anderen Land und einer weiten Zeit gab es einen Fluß, der so tief war und so unergründlich, daß die Leute ihn den Glitzer-Nacht-Fluß nannten. Aber das ist schon eine ziemliche Weile her, denn man hat dort eine riesige Fabrik gebaut, die Ufer verwüstet und so viel Abwässer, Müll und Gift in den Fluß. gekippt, daß er längst nicht mehr glitzert. Die Leute hat das anfangs betrübt, aber inzwischen sind sie an sich ganz zufrieden, denn in der Fabrik können sie viel Geld verdienen und ununterbrochen Kaugummi kaun. Das ist nämlich eine Kaugummifabrik, die hier am Flußufer steht, und das Kaugummi heißt Glitzer-Gum. Allerdings heißt es nur so, denn vom Glitzern ist nicht viel zu sehen, weil es — selbst, wenn man es sich zwischen die Zähne klebt und hineinpfeift — nur schmierige Blasen zieht, die stumpf sind wie der Fluß, der einst so funkelte und sprühend war. Aber, wie gesagt, das ist ja längst vorbei, und die Leute haben sich damit abgefunden.

Überdies sind sie ohnehin keine Flußberainer mehr, denn sie leben jetzt weiter oben, in der Stadt, hinter der Fabrik, wo man den Fluß niemals dahinfließen sieht. — Abgesehen von Lagerschuppen und einigen rostigen Abflußrohren gibt es hier unten jetzt gar nichts mehr, was schön irgend wäre: es ist eine trostlose Gegend geworden, eine Müllhalde, ein Schuttplatz mit Ratten, Kakerlaken und anderem Pesthauch-Getier.

Allerdings steht hier noch eine Hütte, und dort wohnt der verkrüppelte Fischer, den sie Krebs nennen. Krebs ist der letzte und einzige Fischer, denn der Fluß ist fast tot, und es gibt kaum noch Fische. Und die paar, die es noch gibt, sind zerfressen und mißgebildet wie Krebs. Eigentlich ist es überhaupt ein Wunder, daß sie noch nicht vollends ausgestorben sind, und nicht weniger verwundert es, daß sie Krebs, den Fischer, nicht längst schon mit ihrem vergifteten Fleisch die Gedärme zerätzten. Aber Krebs ist ein harter Bursche, den so leicht nichts umbringt.

Früher haben die Leute über ihn gelacht und haben sich sonntags zuweilen die Langeweile damit vertrieben, daß sie mit Kind und Kegel zu ihm hinauszogen, um ihn zu verhöhnen und Unfug zu treiben. Da wurde Krebs dann aber unwirsch und bewarf sie mit verrotteten Fischköpfen, hetzte die Ratten auf sie. Und weil er mit der Zeit ein immer wüsteres und unansehnlicheres Aussehen und Wesen annahm, begannen die Leute, ein wenig Furcht vor ihm zu empfinden, und jedenfalls ließen sie ihn fortan in Ruhe und vergaßen ihn zunehmend.

Krebs war dies nur recht, denn er war verbittert an den Menschen, die seinen Fluß zerstörten, wo dieser doch auch der ihre mit war. Und er war verbittert an den Menschen, die ihn, den Krüppel und Wächter der Wasser, Ufer und Fische verlachten und mit derbem Spott überhäuften, anstatt ihm zu Hilfe zu eilen in Elend und Not.

So geschah es, daß Krebs immer einsamer, trauriger und hassender wurde. Und in seiner düsteren Verzweiflung hörte er auf, sich um sein Äußeres oder die Zukunft zu scheren. Alles, was er noch tat, war aus verbissenem Trotz eine tägliche Fahrt auf den Fluß. Dort warf er die Netze aus, und wenn er — was immer häufiger der Fall war — nichts anderes fing als ein paar alte Konservendosen, zerbrochenes Gerät und sonstigen Abfall, dann erfüllte ihn eine grimmige Freude, und gehässig schrie er dem Fluß in die stumpfen Wogen: siehst du, du öliger Dulder, wie sie dir mitgespielt haben? Fühlst du denn nicht, daß deine Verwesung den Lauf deiner Wasser zu überrunden beginnt? Ach du, du träger, du räudiger Hund, der du kuschst und die Krätze hast, der du dich nicht bäumst und gischtige Wogen gegen die Unbill schleuderst; es geschieht dir nur recht, wenn du erstickend verreckst! Mir soll es gleich sein, denn du hast es nicht besser verdient, du hast mich verraten und bis auf den Tod gequält. Wie hasse und verachte ich dich! Und während er solches schrie, stand er mit seinem verkrüppelten Bein auf ein Ruder gestützt, zerlumpt und struppelbärtig im Kahn und schüttelte drohend die Faust. Aber nach einiger Zeit sank er meist kraftlos und zitternd auf die Bank, starrte traurig in das schmutzige Wasser und weinte zuweilen. Dann fielen Tränen in den giftigen Schaum und Krebs seufzte tief: ach du, du armer Gesell, den ich liebe, der du nicht sterben darfst, da wir dich brauchen — weißt du denn nicht, daß dein Glitzern die Liebe und dein Fließen die Hoffnung ist? Und weißt du denn nicht, daß die Menschen nicht leben können, wenn sie keine Hoffnung mehr haben und keine Liebe? Du weißt, das geht nicht, und es ist an dir, wenn es dahin jetzt kommt. Du ließest mich einsam allein, und das ist schlimmer als Tod.

Solchermaßen stand es also um Krebs und den Fluß, als er eines Tages nach Hause kam und eine junge Frau in seiner Hütte vorfand. Dies überraschte ihn anfänglich sehr, und er starrte sie fassungslos an, wußte keine Rede, die er an sie hätte richten können, denn sie war sehr schön und von innen her strahlend, so daß ihre Haut wie Alabaster durchschien. „Hallo Junge," sagte sie, und das verwirrte Krebs noch weitaus mehr, denn obschon er recht jugendlich war, fühlte er sich in seiner Einsamkeit und all dem Verfall um ihn her doch mehr wie ein Alter, den die Zeit vergaß; auch war sein Bart schon teilweise grau.

Nach einigem Schweigen brach dann sein Mißtrauen durch und er knurrte sie an: „Bist wohl so ne Studentin mit Dissertation über Fischmänner, was?" — „Nein," erwiderte sie voller Ernst, „ich bin aus dem Fluß und sah dich dort oft." — „So, so," sagte Krebs, „und was willst du jetzt hier, du Nixe, he?" — „Den Bart dir kraulen und zum Sieg gegen die Unbill dir verhelfen."

Krebs hinkte eine Weile herum, rückte sein Gerümpel zurecht, schielte sie bisweilen zweiflerisch an und tippte sich dann an die Stirn. „Du spinnst ja, bist wohl nicht mehr ganz dicht, hast'n Knall in der Birne und was weiß ich, mach dich von hinnen — hoho!" Und alsogleich sprang er mit ausgebreiteten Armen, rollenden Augen und gefletschten Zähnen drohend auf sie zu; aber dabei verfing er sich in den Schößen seines langen Lodenmantels und stürzte über einer Kiste zu Boden. Als er wieder zu sich kam, hockte sie neben ihm und machte Kompressen auf seiner beuligen Stirn. „Na gut", sagte er, „ich bin jetzt schwer krank und brauch Pflege, koch also mal Kaffee, marsch."

Dies tat sie und briet auch Fisch und derlei Speisen, half Krebs auf sein Bett, räumte Dreck weg und schuf freundliche Ordnung. Krebs sah dies staunend und fühlte sich arg, weil er nicht wußte, wie er ihr's vergelten könnte. Dann aßen sie schweigend, und er sah sie an, sah diese Tiefe in ihr und das Glitzern in Augen und Haar; und das war tatsächlich der Fluß von einst; das war das ganze Leben, und das Licht, und die Nacht und alles, was schön ist. Und als sie ihn mit ihrem erhobenen Blick noch belebte, wurde er rot vor Freude und Scham. „Na," sagte er schließlich im Bart, „das ist ja toll, was du hier bewirkst; weiß gar nicht, was ich dazu sagen soll, bin das, weißt du, gar nicht gewohnt. Und überhaupt halt, nicht wahr?"

„Du," hob sie an, „bist wahrlich ein garstiger Mensch und keineswegs sehr liebreich und erkieslich, und es litte mich hier sicherlich kaum, wenn du nicht der einzige und letzte wärest, der meine Hoffnung noch trüge, denn es ist ja der Fluß und das Leben schlechthin, worum es jetzt geht. Und eben das, das ist es, was uns wohl eint; drum laß uns nun Ratschlag halten, damit wir erkennen, was zu tun ansteht."

„Ach so," sagte Krebs, „also wegen dem bist du hier. Doch, doch, das ist schön — schlagen wir Rat." Und dann sann er nach und grübelte in sich hinein, um etwas zu denken, was ihr wohl angemessen erschiene, aber ihm fiel nichts ein und er sagte ihr das. „Macht nichts," entgegnete sie, „es wird sich schon finden; ohnehin wollte ich dich diesmal nur prüfen, um zu sehen, ob du es ernsthaft erwögest oder nur Unsinn erzähltest, zum Behufe des Prahlens und Herausstellens deiner Person."

Dann stand sie auf, wusch Teller und Tassen und legte sich zu ihm. Aber Krebs tat, als schliefe er schon, denn er war so verstört. Ihr schien dies zu behagen; jedenfalls sagte sie nichts.

In der nämlichen Nacht funkelten all diese Sterne wie immer, aber sie schienen ihm heller, und auch das Rauschen des Flusses war beredter denn je. Krebs fühlte, daß sie wirklich da war und alles kein Traum; aber er konnte nicht schlafen, war voller Aufregung und wußte nicht, was sie von ihm erwartete. Und so lag er, bis der Morgen graute, kletterte darauf behutsam über sie hinweg, nahm seine Stiefel und schlich sich hinaus, ging an den Fluß und sah in die Flut; aber die war stumpf und ölig wie immer. Und weit ab erscholl die Sirene aus der Fabrik zur Frühschicht für Arbeit und blasiges Gummi zum Kaun. Giftwasser plätscherte seuchern aus einem der Rohre. Rattenidyll. Und Krebs war wieder voll Trauer. Aber als er seinen Kahn hervorzog, um auszufahren und Fische zu fangen, fand er im Tau des anbrechenden Tages eine kleine Blume. Die war zwar etwas zerdrückt und schwächlich im Stiel, aber es war doch eine wirkliche Blume mit Blüte und Blatt. Er grub sie vorsichtig aus, barg sie in einem zerbrochenen Topf und rannte so schnell sein humpeliges Bein ihm dies erlaubte — zurück zu der Hütte, wo er den Topf mit der Blume auf den Tisch stellte und IHR einen wehenden Kuß über die schlafende Haut hinhauchte. Dann hüpfte er

fröhlich abermals zum Fluß hinab und rief diesem zu: nun gut, du hast mir da ja was Schönes geschickt, das will ich nicht leugnen. Und fürwahr, mein trauriges Herz ist voller Freude und Zuversicht, aber gern wüßte ich doch, was du dir dabei denkst...
Gut, ich habe jetzt ne Jungfrau im Haus und im Bett und die ganze Liebe und das Leben dazu, aber, mein Lieber, was soll denn nun werden? Ich kann doch jetzt nicht... und überhaupt, Mensch Fluß, du bist ganz schön verrückt, das muß ich dir wirklich mal sagen." Aber der Fluß floß nur träge ächzend dahin und schwieg still, während Krebs ihn befuhr und seine Netze auswarf. Viel war es nicht, was er fing, aber es verdroß ihn nicht sehr, denn SIE würde schön sein wie gestern.

Als er heim kam, traute er seinen Augen kaum: was er sah, war nicht mehr seine rumpelige Hütte aus Blech, nein, das war jetzt zur Laube geworden. Die Wände waren umrankt, und eine alte, verrottete Leiter, die immer dort stand, war von sattem Grün durchzogen und schattete lind als Pergola den Eingang, so daß es dort blühend nach Narde jetzt roch. Ganz atemlos stürzte er jetzt durch die wachsende Pracht, nahm SIE beim Arm und zog sie hinaus. „Schau!" rief er, „schau dir das an! Das sind alles Blüten und Blätter und Samen, das ist ja unglaublich! Das gab es noch nie — wie geht das denn an?!" — „Das geht," sagte sie und lachte ganz unbändig und wild, „weil es diese Blume war, die du sahst und mir schenktest, während ich bei dir schlief und das träumte." Da schwenkte Krebs sie um sich und sie tanzten in Tollerei und Übermut um das Haus — das heißt, er stapfte mehr und sie glitt, aber sie störte das nicht, und sie waren froh wie nie. Und als sie ermattet ineinander fielen und sich liebten und er ihren Körper, den bebenden Hauch und sie um sich spürte, war es der Fluß und das Glitzern seiner unergründlichen Tiefe, und ihre Wärme war die Nacht und ewig und nah. „Wie gut," sagte er und küßte und biß sie ins Ohr, „daß du da bist, bei mir; das ist, Geliebte, ein sehr großes Glück und schöner als alles." — „Nun ja," lachte sie, „ein gar so garstiger Kerl, wie ich anzunehmen oblag, bist du ja auch schwerlich. Das erfüllt mich mit Freude und gibt mir auch Hoffnung auf künftige Zeit, aber, Geliebter, das mußt du wissen: wirkliches Glück ist dieses noch nicht. Zwar gibt Liebe Kraft und läßt wachsen und Leben gedeihen, jedoch, Liebe nährt sich durch Liebe nicht allein, man muß sie ins Handeln verweben, um aus der Saat und dem Werden sie neu zu gewinnen. Und wenn wir nicht ständig neue Schwünge in immer weiter gezogenen Kreisen entfachen, wird sie hohl, unsere Liebe, und schließlich verlöschen." — „Geliebte...," murmelte Krebs und schlummerte verfangen im Traum.

Ihm war, als ginge er an den Ufern des früheren, lebenden Flusses entlang, und Bäume umstanden das Rauschen. Da kam er in eine Bucht, die lieblich war und klar, und er streifte seine Kleider ab und sprang tummelnd in die kühl nässende Flut, die ihn wohlig umfing. Er tauchte hinab und sah schlingernde Pflanzen im Kies, und wo diese sich schwankend im Urgrund verrankten, leuchtete ihm ein schimmerndes Licht perlmuttern aus der Tiefe entgegen; und er teilte die Wasser und das Geschling, um in dieses Licht hineinzugelangen. Da war jetzt eine Muschel, die dort im Grund sich verbarg, aber sie war geschlossen und so uneindringbar wie fest. Doch als er sanft ihre Schalen strich und sie mit kristallenen Luftblasen umgab, ging sie auf, öffnete sich ihm und war weit mit einer strahlenden Perle im spiegelnden Glanz. Er küßte diese und war von schlingernden Pflanzen umgeben, während sie, die Perle, in Rundung anschwoll und ihn, der er Krebs war, der Fischer, in sich aufnahm, einsog, umklammert hielt wie mooriger Schlamm. Dann jedoch barst sie und ergoß sich in Myriaden glitzernd kreisender, funkenstiebender Rhomben, Kugeln und Splitter, und er war wie betäubt, benommen im Rausch dieses diamantenen Lichts, dieses schwirrenden Feuervulkans, der langsam wieder verlosch und in sich verfiel, aber das war kein Ende, das war nur der Fluß, der nunmehr gleitend die Teile verfügte und Neues daraus schuf, denn eine Wiese wuchs auf dem Grund, und Menschen erschienen, die tanzten und in klingender Einmut Werke vollbrachten...

Krebs wachte auf und war im Schweiß seiner Freude. „Geliebte," sagte er und umschlang sie voll Kraft, „ich weiß, was wir tun: wir machen ein Fest mit allen Leuten aus der Fabrik, und wir zeigen ihnen das Glitzern der Nacht und das Wachsen und alles. Ich bin sicher, sie werden's verstehen, die Rohre, das Gift und den Müll fortschaffen und mit uns den Fluß und die Ufer zu neuem Leben entfachen. Was meinst du, ist das nicht ein Strahl?" — „Ja," sagte sie und zauste ihm den Bart, aber Trauer stand in ihr und Zweifel vor'm Glück; doch Krebs sah dies in seiner Begeisterung nicht.

In den nächsten Tagen bereiteten sie mit stürmischer Tatkraft das Fest vor, setzten Bowle an, buken Fladen, brieten Fisch und schmückten die düstere Gegend, soweit dieses ging. Das alles vollzog sich mit Scherz, Liebkosung und mancherlei Kurzweil und Freude. − Kein Übel trübte die Zeit.

Als alles gerichtet und wohlgestalten aufgebaut war, kämmte Krebs sich den struppigen Bart, nahm sich ein rostiges Schild und einen Hammer, gab IHR einen frohgemuten Kuß auf die Stirn und brach auf zur Stadt, um die Gäste zu holen. Dabei hatte er eine Blume im Haar und pfiff die Internationale, Völker hört die Signale. In der Stadt ging er auf den Markt und schlug mit dem Hammer scheppernd sein Schild. „Heh, Leute," rief er, „Arbeiter, Genossen und übriges Volk, horcht auf und hört zu. Ich gebe folgendes einem jeden bekannt: ein großes Fest wird veranstaltet am Fluß. Alle sind eingeladen, jeder soll kommen, es gibt auch Bowle und Kuchen und Fisch!" Da gingen die Fenster auf, und die Leute schrieen im Zorn: „Ruhe!" − „Spinner!" − „Polizei!", aber viele strömten auch neugierig herbei und raunten sich lüstern verstohlen ins Ohr, daß letztlich bei diesen Hippies ja meistens was Erregendes auffindbar sei. Allerlei Zauber zum Beispiel, bedusender Trank, Opium und Frauen. Das sei gewiß, und schließlich, man könne's ja mal beschauen.

Krebs war drum froh und zog paukend am Kopf eines langen Zuges vom Volk hinunter zum Fluß, wo er wohnte. Und die Leute hatten sich Pappnasen und Narrenhüte aufgestülpt, dieweil sie mit Schnaps das Blut erhitzten und knallend und platzend schmierige Blasen aus klebrigem Gummi durch die Zähne rausprotzten. Aber Krebs merkte all dies nicht und war so voll Hoffnung und Sehnsucht, daß er nichts wahrnahm, was außer ihm war. Er sah SIE und die Zunkunft in sich, sah, wie alles gedieh und das Brausen der Stimme schwoll ihm wie der rauschende Fluß im Gehör. Immer schneller schlug er die blecherne Pauke und hüpfte, sich windend und schlingend, schamanengleich der Menge voran.

Dann war da der Fluß und sein Haus mit den schattigen Ranken inmitten des Mülls. Und die Leute stoben hinab auf den festlich geschmückten Platz. Aber binnen kurzer Momente war alles verwüstet und die Blumen zertreten, die Bowle in den öligen Fluß aufschäumend gegossen, und Mutwillen herrschte johlend allerorten. Die wildgelassene Horde schrie nach Zauber, beduselndem Trank, Opium und Frauen; und weil sie nichts fanden als ätzigen Fisch und schmackloses Brot, wurde ihre Enttäuschung zu tobender Wut, und sie schrieen, „das ist ja auch Krebs, dem diese Bude gehört, und das ist doch der Krebs, der krüpplige Fischer, der uns herlockte, um mit giftigen Speisen Angst, Schrecken und Mord zu verbreiten — lyncht ihn! hängt ihn auf!" Und sie packten ihn und zerrten und stießen ihn grob, während andere, wüstere noch, Lunte an seine Hütte legten und Flammen anzüngeln ließen. Das sah Krebs, der humplige Fischer, und er sah auch, wie SIE aus den brennenden Balken trat und ein wildes Geschrei sich um ihn erhob. „Ein Weib! Ein Weib! Schafft sie her, die wollen wir haben...," und dann wurde es schwarz ihm vor Augen, und Blut rann aus Nase und Ohren.

Aber Krebs ist ein harter Bursche, den so leicht nichts umbringt, und es kam die Nacht, da er zu neuem Leben erwachte. Krebs schlug die Augen auf und sah das Firmament mit den Sternen, die drin standen; denn die sind unverrückbar und fest, die schüttert nichts; nur ihr Glanz und ihr funkelndes Licht, das scheint verschieden, das ist mal hell und mal kalt und fernweg und zuweilen auch tot. So schien es Krebs jetzt, wo sich ihm langsam die Sinne aus nebligem Schaum und dröhnendem Hall qualvoll freischälten.

Das erste, was er verspürte, war das Alleinsein. Er wußte, noch ehe er die Erinnerung geordnet hatte und sich in ihr fand, noch ehe er den Blick hatte umschweifen lassen, daß sie weg war und weit. Er spürte das Alleinsein, die Kälte und Ferne im Körper. Das war sinnlich. Dann erst kam der klopfende Schmerz hinterm Ohr und am Leib und wo überall er gerade daran dachte. Doch behutsam begann er die Knochen zu strecken, die Sehnen zu dehnen und die Muskeln zu spannen. Die waren noch heil, indes — er fand Schorf vor. Blut war ihm auf der Haut eingekrustet, die Poren verschmiert. Und er fühlte in sich den geschundenen Fluß, der erstickt und verreckt. Und so, wie er den Fluß in sich fühlte, verstand er ihn auch, verstand, daß dieser ihm, Krebs, mit IHR, der vollkommenen und lebenden Liebe, sein Mark und sein letztendliches Hoffen vermachte. Und also begriff er den Fluß in sich selbst.

Aber indem er dieses und alles verstand, ward ihm ebenso klar, daß ER nun der wäre, der's Leben verriete, wenn ER kraftlos, zerschlagen und matt, wie er war — sich nicht mehr erhöbe, um SIE, das Glitzern der Nacht und die Liebe zu retten. Der Fluß, der hatte ihm alles gegeben bis hin auf sein Mark, der war nun lau und ohne Vermögen. Ihm hingegen, der dieses leichtfertig verspielte, blieb noch der Haß und die Wut. Auch war es Verpflichtung zum Helfen dem Fluß gegenüber, vielmehr noch die Sehnsucht nach IHR.

Und so zuckte er stöhnend auf, zog sich mit knirschenden Zähnen an der Wut empor und sah sich im schwelenden Schutt. Ringsum war's schlimmer als Sodom und Gomorrh; das war das Ende der Welt. So jedenfalls bot es sich dar, denn was er da sah, waren schweflig rauchende Trümmer aus Müll. Ausgeglühte Gestänge ragten zum Himmel, Bleche waren geborsten und kokliges Gummi stank schlimmer als die Pest. Soweit das Auge sich wandt, war nichts außer diesem Inferno eiterbeulig zerraster Kultur. Das war hier keine Zerstörung allein, das ist die Zerstörung des Zerstörten durch sich und an sich. Das ist die grölende Selbstverbrennung der Ruinen, der Verwesung und des Verfalls. Selbst die Ratten waren im Glühen krepiert oder von ausströmenden Gasen zu selbstmordender Tollwut gehetzt. Entsetzen stand in ihren gebrochenen Augen.

Krebs wandte sich schaudernd ab und hinkte taumelnd dem Flußufer zu. Aber das floß hier wie immer: bleiern, blasig und stumm. Eine angesengte Pappnase tänzelte blöde im galligen Sud. Krebs erbrach sich vor Ekel und verzweifeltem Zorn. Dann fiel er erneut in Ohnmacht, sank um und glitt in traumlosen Schlaf.

Irgendwann war es aber wieder mal Tag, und einer zerrte erheblich an ihm herum. „Heh du," hörte er nah, „steh mal auf, du bist ja nicht tot, du atmest ja noch..." und dann, schon ziemlich empört: „Mensch, du kannst hier nicht liegenbleiben und tun, als wärest du tot, das geht nicht, du Ratz." Krebs knurrte grimmigen Schwall und stützte den müden, geschundenen Leib auf den Arm und die Hand.

Da stand ein Junge vor ihm und war vielleicht vier. Der hatte verwuschelte Locken und seine Nase lief. Aber — kein Zweifel — ein richtiger Junge war das, einer, der ärgerlich aufstampfte und rief: „Na, nun wird's aber Zeit, du meinst wohl, ich bin hier zum Spaß und könnte deinetwegen mein Leben vertrödeln, du Ratz. Hoch Mann, steh endlich auf!" Und während er dieses kundtat, riß und zog er unaufhörlich an Krebs, dem verhumpelten Fischer. Diesem wurde das aber schließlich zu bunt, und er schnellte empor, packte den Bengel, schüttelte ihn und schrie: „Hör mal, Bub, so geht das ja nun nicht, du denkst wohl, mit dem kann man's machen, dem Alten, dem Penner, aber da bist du einem Trug aufgesessen, mit dir werde ich noch allemal fertig, du Piesack, du halbe Portion, du!"

Der Junge zappelte wie am Spieß und kreischte los. Indes fragte Krebs sich, ob ER den denn nun am Schlawittchen wohl hätte oder JENER ihm sich ins Bein gekrallt habe. Das war nämlich keinesfalls klar. Drum brüllte Krebs mit Macht: „Schockschwerenot, nun sei aber mal still, du heulende Klette!"

Dieser verstummte auch prompt und verschreckt, und Glied für Glied entwirrten sie sich und hockten schweigend in trotzigem Groll am Ufer und spuckten ins schmutzige Wasser. Krebs kam dabei weiter hinaus. „Flasche," sagte er höhnisch, „nicht mal spucken kannst du korrekt." — „Bist ja auch viel älter," brummte dieser zurück, „hast ja mehr Übung im Spucken und Leben als ich." — „Naja," grummelte Krebs und schob ihm versöhnlich den Arm um Rücken und Bauch, „du hast schon recht, das ist wohl wahr, aber n Piesack biste ja doch, das mußte einräumen, mein Sohn." — „Ach du, nun spiel dich bloß nicht väterlich auf, alter Ratz; das hat mir echt noch gefehlt, ich bin nämlich" — und dabei schniefte er finster und greulich durch Nase und Hals — „gerade von denen dort weg, den Vätern und Lehrern. Mach mich auf diese Tour also bitte nicht an, das kann ich wirklich nicht ab, da krieg ich mordswie ne Wut." Dann war wieder Schweigen und Plätschern der Flut, bis Krebs ihn mit schiefgelegtem Kopf und gezwinkertem Auge schalkeulig ansah und dem einen Knuff versetzend nochmals kräftig im Bogen ausspie. Der Junge tat ihm männlich-herb gleich und sagte: „Okay, alter Ratz, ich bin dir nicht gram, ich gab dir diesen Bescheid ja auch nur, damit du gewarnt seist und nicht versehentlich — gedankenlos, weißt du, wie's einem manchmal so geht — meinen Zorn aufreiztest und mich zu blindwütigem Toben womöglich noch brächtest. Deshalb die Rede." — „Ach so," erwiderte Krebs, „deshalb also — und weil du so heißspornig bist. Na, ich werd's mir merken und achtsam auf meiner Hut mich verhalten, du Piesack." Und dann lachten sie beide, rauften und waren recht froh, trotz dem Dreck um sie her.

Aber als sie bald schon Erschöpfung befiel, verspürten sie Hunger im Bauch, und Krebs sagte: „Komm mal mit, ich hab hier so'n Kahn, vielleicht hat der Fluß ihn vor Brand und Zerstörung bewahrt; falls dem nämlich so ist, könnten wir Fische fangen, braten und fressen zur Füllung des Magens und Spendung von Kraft."

Drauf stiefelten sie beide frisch los und fanden den Kahn auch wahrhaftig fahrbereit vor. — Das war dann auf dem Fluß, nach Auswurf der Netze, da sie faul liegend nach magerer Beute ausschauten, als Krebs anhob: „Sag mal, warum bist du von denen, den Vätern und Lehrern dort oben denn weg? Und sag auch, was du dir denkst, was nun werde."

Der Kleine sah ihn fest-forschend von unten her an und sagte: „Nun gut, ich will dir vertrauen und Wahrheit rein einschenken, damit du ersähest, wie der Stand der Geschehnisse und ihre Verwicklung in die Lage des Lebens dort ist." Krebs war verblüfft ob des Kleinen windungsreicher Rhetorik und fragte ihn, wie das denn entstünde. Dieser jedoch fiel ihm scharf ins Wort, daß ER nun am Ausführen sei und Unterbrechung sich füglichst verbäte — von wegen dem Kausalzusammenhang, welcher sonst litte.

Krebs nickte, und er fuhr fort: „ Um Zeit einzusparen und Wesentliches nicht in Verwischung zu bringen, will ich in Kürze obwalten lassen; also merk auf: die Stadt dort oben hat einen Gott — von uns, den Aufrührern, auch Fetisch geheißen —, dieser ist Moloch der Zerstörer höchstselbst. Ihm nächst sind seine Priester — herrschende Klassen, gröblich gesprochen. Diese organisieren den Kult, der alles bestimmt. Vornehmlich besteht er aus Schöpfung und Vernichtung in endloser Kette. Es werden so Dinge erstellt und unverzüglich der Gottheit zum Opfer gebracht. Dies geschieht unablässig, denn Molochs Hunger wächst stetig und kennt keine Grenzen. Allerdings, das mußt du erkennen, hegen wir ernsthaft und wohlbegründeten Zweifel, ob es diesen Moloch als Wesen überhaupt gibt. Wir sagen vielmehr: er wurde dreist von denen, die herrschen, ersonnen. Jetzt fragst du wohl gleich: ‚Qui bono, Madame?' und das will ich dir sagen: zum Verschrecken der Menschen; denn die paar Priester, die wären schier nichts bei unserer Kraft, aber Moloch, der Schrecken ist und Zerstörung, der flößt Furcht und hält Zügel; auch dient man lieber dem Gott mittels der Mittler, denn diesen sogleich und allein zu ihrem feisten Frommen und Nutzen; das ist dir doch sicher verständlich."

Krebs staunte mit sprachlosem offenen Mund, und der Kleine griff die Darlegung alsbald wieder auf. „Dergestalt verhält sich das Leben nun dort: die Menschen hetzen in dumpfsinnigem Trott alltäglich in die Fabrik und schaffen in hektischem Treiben Gums und anderes Zeug, was eigentlich gar keiner braucht. Einen Teil dieser Dinge behalten die Priester, dem Moloch zum Opfer. Man nennt — das aber nur nebenbei — dieses sinnreiche Werken deshalb auch molochen. Der Rest der Produkte wird in Lagerhäusern verwahrt und denselbigen Leuten, die eigenhändig sie schufen, mit listigem Hohn alsdann wieder verkauft. Zwecks Regelung dieser Geschichte gibt man zuvor ihnen Lohn. Du lachst und sagst, dies sei doch ein irrsinniges Spiel und fragst, was die Priester, die es betreiben, denn davon nun hätten, aber auch dies ist unschwer zu erklären: sie haben die Macht über Menschen und Leben. Und das, was ersteres angeht, daß dieses irrsinnig sei, das ist, von hier aus besehen, wohl wahr, aber umgekehrt, von jenem Podest, auf dem Moloch ehern die Welt überragt, ist es durchaus voller Sinn und Verstand, denn ohne dieses tägliche Schaffen und Opfern gefertigter Dinge wäre die Herrschaft des Moloch nicht wahrbar; das steht so fest, wie es ist. Überdies — das ließ ich vorhin der Überschaubarkeit halber kurzerhand aus — ist es nun ja nicht so, daß die Menschen dort bei den Sirenen NUR für Zerstörung und Unfug Produkte herstellten. Gewißlich muß ja obendrein zum Erhalt der Kräfte Eßbares, Kleidung und derlei Gut im Schweiße gewirkt sein. Und dann: wer nicht wirkt, erhält keinen Lohn und kann Fische nicht fangen, denn solche gibt es dort nicht. Wer aber wirkt, wirkt für Moloch. Das ist der Zwang." — „Donnerwetter," rief Krebs, „das ist ja toll, das hätte ich niemals gedacht; also wirklich, du Piesack, du hast ja ganz schön was drin, so im Kopf und im Hirn, aber nun erklär mir noch bitte zwecks Rundung des Ganzen zweierlei Fragen: Wie hält man die Leute dort oben in Schrecken und Bann vor diesem — ja, so sagtest du selbst — Gott, der gar keiner ist? Und ferner: Wer seid denn nun ihr, die Aufrührer gegen die Macht?" — „Das," erwiderte jener, „ist eine Frage, die wohl nach Antwort sich heischt: der Bann, der die Menschen dort hält wie die Schlange das Huhn, ist der Rausch der Vernichtung, der alles beherrscht. Sie machen zu diesem Behufe ohn Unterlaß Orgien mit Zauber am Fuße des Moloch. Dem werden dann Opfer in glühend gefräßige Rachenschlote gekippt und während dieses geschieht, werden unter Begehung der Riten rasende Tänze, Schreckensgesänge und enthemmende Bacchanale für alle vollführt: das erweckt Besessenheit und greift einem jeden in Willen und Herz. Weil die wild aufgeputschte Gier der Masse aber ständig neuer und größerer Opfer zur Sättigung des Wahns der Vernichtung bedarf, nimmt man bisweilen auch Menschen zum geilenden Schlachten für Molochs unstillbaren Schlund. Und eben dies hat uns, die Aufrührer-Gruppe, zu entsetzter Empörung und schließlich erkennenden Haß hingeführt. Jedoch, und dies ist das Grauen für uns: nur Kinder sind mit uns im Bund, denn wenn Erwachsenenschaft und Fabrikarbeit nach ihnen greift, sind sie verloren und nicht mehr fähig zu Klarsicht und Wehr gegen dieses Geschick ihres Seins. Das allein ist unser Verhängnis, das in Ohnmacht uns lähmt und verhält. Aber — auch dies sollst du wissen — eben das war der Grund, weshalb ich dort floh und unbekannten Gefilden zustrebte; denn — so dachten wir uns — wir sind zu hilflos, um den Fetisch zu brechen und Moloch zu stürzen, aber wenn wir warten, wenn Stärke wachsend in uns entsteht, so wird es zu spät sein, weil dann der Kult auch uns mit eisernen Krallen packt und verwirrt. Nun, und als ich so lief, fand ich dich dort am Fluß und dachte: vielleicht. Deswegen war's, daß ich Not sah, an dir zu zerren, als du im Schlaf lagst und matt warst."

    Krebs, nachdem er all dieses vernommen und in sich hatte, war vorerst nicht fähig, Erwiderung dem zu erbringen; also zog er die Netze mit kargem, doch hinreichendem Fang zu sich auf und ruderte den Kahn ans Ufer zurück. Dort entnahm er die fischige Last und machte sich an die Bereitung einer Feuerstatt zum Grill. „Die Fische", warf er trostlos und mißlaunig hin, „sind keine edle Speise mit schönem Geschmack, denn die Giftwasser des Moloch haben auch sie angeätzt und fast schon zur Ausrottung gebracht — wie den Fluß, der gleichwohl kaum Leben in seinen Fluten noch hat, obschon er einstmals das Leben an sich war und die Liebe im Glitzern seiner unergründlichen Tiefe barg; aber das ist vorbei, denn sieh doch den giftigen Schaum, das Öl und die bleiernen Blasen, die haben das alles zum Sterben gebracht, und die sind von Moloch durch Rohre geleitet, um die Quelle selbst des wachsenden Werdens endgültig und unwiderruflich zu tilgen. Deshalb also schmecken die Fische recht arg, aber für uns sind sie allemal besser als Gum; das steht fest."

Und als sie so schmatzend und sinnend ins Feuer reinstarrten, sagte der Junge zu Krebs, dem humpelnden Fischer: „Hilf uns zum Sieg über Unbill, Entsetzen und Tod, denn du allein kannst solches verrichten." — „Diese Worte sind mir vertraut, schon einmal wurden sie an mich getragen," erwiderte Krebs voller Wehmut und Leid. Und dann erzählte er, was geschehen war und wie es nun stand.

Darüber ward es jetzt Nacht, und als das Feuer verlosch, saßen sie beim Sternenschein, und Kälte kam auf. — Nachdem Krebs seinen Bericht erstattet und geendigt hatte, griff der Junge wieder zum Wort und sprach: „Das ist allerdings von großem Übel und niederschmetternd für dich, aber ich sehe noch keineswegs alles verloren und der Hoffnung beraubt, vielmehr erfüllt es mich mit Zuversicht, denn wisse: sie wird noch leben, weil morgen erst die Nacht der Riten und Orgien veranstaltet wird, und ich bin mir dessen in sicherem Glauben, daß man sie dann erst dem Moloch zum gipfelnden Opfer bringt. Und somit besteht Hoffnung, daß wir sie retten, ja, mehr noch, daß wir die Menschen mit ihrer Rettung vor ewigem Wahn und unendlicher Not zu bewahren vermöchten, denn wenn sie — so wie du sagst — die glitzernde Tiefe des Flusses in seiner letztmaligen Kraft ist, so würde dies heißen, daß Liebe, Vernunft und einmütige Sicht die Menschen ergriffe, sobald es gelänge, SIE, die Vollkommene und Unergründbare vor allen Dingen dem Moloch zu entreißen. Ja, und Krebs, du humpliger Fischer, du kannst dieses bewirken, wenn du nur willst und meinen kennenden Rat zur Befolgung dir nimmst!" — „Wie das?" fragte Krebs, den nun gleichfalls aufgeregte Unruhe und wilder Drang zum Tun ergriff. „Wie soll das gehen?" — „Höre," raunte der Kleine mit Leidenschaft ihm funkelnd verschwörerisch zu, „der Moloch ist ein unermeßlich großer Koloß aus Eisen und Stahl, jedoch — das fanden wir längst schon heraus —, er steht nur auf schwachen, tönernen Füßen, die unschwer vernichtungsbar sind. Und wenn wir es schafften, uns an diese zu pirschen und zwecks Sprengung dort Minen einzuverfügen, könnten wir alles zum Bersten und

Moloch zum Stürzen verbringen. Das wäre kein großes Problem. Zu erwähnen bliebe zur Unterrichtung bloß noch, daß die Priester sie über Treppen zum Podest des metallnen Töters hinaufführen werden, während das Volk in gespannter Erwartung drumher schweigend in Scharen und Massen versammelt verweilt, um nach Vollbringung des Opfers in Raserei und rauschhaft tosender Wildheit den Tänzen und Schreckensgesängen zu frönen. Dem zuvorzukommen gilt es uns jetzt." — „Potzblitz!" rief Krebs da mit leuchtendem Blick. „Das zu vollbringen, sollte wahrlich unserm wollenden Vermögen erreichbar werden, denn Bomben zu basteln, sollte bei all dem teuflischen Gift, das hier lagert, ein Leichtes uns sein; und unser Mut steht stark wie die Wut — also, auf jetzt, ans Werk, laß feste Behälter und sprengende Stoffe uns suchen und zur Rettung des Lebens verwenden — Tod dem Moloch!"

Und in emsig verbissenem Werk schleppten sie Materialien für Minen herbei. Dies ging wie geschmiert und vollbrachte sich flugs. Noch lange, ehe der Morgen aufstieg, war alles zu Molochs Vernichtung bereit. Krebs schnaufte voll Stolz über sein Werk, das ihm, dem Fischer, so glänzend in Fertigung ging. „Nun aber," bemerkte er und strich sich den struppigen Bart, „ist da noch die Frage des Expedierens dieser Bomben zum Sockel der Macht — wie wird uns dieses gelingen?" — „Das," sagte der Kleine, „muß jetzt sofort und mit unverzüglicher Eile geschehen, denn wenn der Tag sich erst erhebt, könnte man uns entdecken und den Plan durch Hinderung unsrer Verrichtung vereiteln. Drum mußt du die Bomben in Schnelle auf die Schultern dir packen und mit Sputung hinter mir wetzen, den Weg will ich dir dabei schon weisen."

Und also taten sie auch. Und es war wirklich sonderbar anzuschaun, wie sie dort preschten: der Kleine mit Locken und wieselnder Flinkheit voran, der andere struppig und wüst mit wehenden Schößen und einem Sack voller Bomben in hinkender Hatz hinterdrein. Aber es war eine Jagd um's Leben für alle, die sie da trieben, das Kind und der Krüppel; und solches verschlägt uns den Spott und läßt Bewunderung zollen.

An den Toren der Stadt gab der Junge dem Fischmann zur Kenntnis, daß sie von nun an mit behutsamem Schritt, doch unverminderter Eile, in größter Vorsicht von Mauer zu Mauer und Schatten zu Schatten sich hinschleichen müßten. Krebs, der schon keuchte und das Herz in zerspringendem Pochen am Halse verspürte, fiel das überaus schwer, aber, sagte er sich, einmal, einmal noch muß dieses sein, denn wenn sie uns kriegen, ist sowieso alles hin und vorbei, aber wenn wir's vollbringen, ist das Leben gewonnen und SIE vor deren Klauen bewahrt, und dann ist nichts mehr, was Hatz und solcherlei Tun den Menschen aufzwänge; also, mein Freund, reiß dich hoch und sei schnell wie das Licht und stärker als die dräuende Macht des Vernichters und seiner Lakeien. Tod dem Moloch! Und er stürmte mit neuer Kraft in pirschendem Hinksprung einher, daß es eine Lust für die funkelnden Sterne war, die allein dieses sahen.

Als der Morgen graute und die Sirene zur Frühschicht von der Fabrik her erdröhnte, waren sie am Podest, auf dem der Koloß drohend und mächtig in ehernem Panzer unbewegt thronte. In fliegender Hast brachten sie versteckt ihre Bomben in geeignete Stellung und legten Zündschnüre an. Dann verkrochen sie sich in einen Winkel zu Füßen des Töters und hielten erholsame Rast.

„Nun," sagte der Junge, „gibt es nichts mehr zu tun, als auf den Abend zu warten und den rechten Zeitpunkt zum Sturz des Fetischs zu finden und nützlich auszugestalten. Bis dahin, Krebs, magst du schlafen und Spannkraft sammeln für's Werk — ich werde dich wecken." Und Krebs schlief wie tot. Dies war er aber weniger denn jemals zuvor — stand doch sein Leben vor langersehnter Erfüllung und glückheißendem Sinn. Wie gut ihm das war.

Am Abend erwachte er bebend vor verheißungsvoller Erregung vom Lärm der herbeiströmenden Massen des Volkes. Wogend staute die drängende Menge sich auf, und Geschrei schwoll um ihn her. Sodann entflammten gleißend strahlende Lichtwerfer, die der aufkommenden Nacht peitschend die Weichen durchschnitten und Moloch, den eisernen Koloß, furchterregend und todbringend in entsetzlicher Macht in den Himmel aufsteigen ließen. Und Moloch fauchte und brüllte unbändig aus hohl schallender Leere heraus. Funken stoben, und die Stadt war im Bann.

Doch plötzlich erklang Musik von Zimbeln, Schalmeien und Schellen; auch Trommelklang war in der weihrauchschwangeren Luft, und Krebs sah die Priester in wallender Prozession gemessenen Schritts dem Tempel sich nahen. Und in ihrer Mitte, ins weiße Gewand des Opfers gehüllt, ging SIE mit klarem Blick und rein wie die quellenden Wasser des Lebens. Krebs war entrückt und in Liebe verfangen. Aber der Kleine bei ihm hatte nicht solchen schwärmenden Hang — er war schließlich erst vier — und stieß ihm unsanft den Arm in die Rippen: „Mensch, wir sind nicht zum Angucken hier; wenn du jetzt die Lunte nicht schnellstens entfachst, war alles umsonst und vergebens, und das dann nur wegen dir und deinem Gegaff!" Erschrocken fuhr Krebs zusammen, schüttelte sich und brachte die Lunte zum Glimmen. Und das war auch höchste Eisenbahn, denn schon schritten die Priester die Stufen hinan... Doch gerade, als sie in grausiger Zeremonie das Opfer — SIE — den greifenden Klauen Molochs, des Zerstörers und Töters der Welt, darzubringen gedachten und alles Volk in starrender Spannung verharrte, gab es einen kurzen, heftigen Knall, und Moloch, der unbezwingbare Herrscher, fiel zeitlupenlangsam in sinkender Macht vom Podest auf die Erde herab: die Menschen wichen in schweigendem Staunen zurück. Kein Laut durchdrang die erhaben gespenstische Stille des Falls. Auch dann noch, als der Aufprall splitternd und berstend erscholl, blieb sonst alles stumm und letztmals im Bann dieser Macht.

Als das Krachen wieder verhallt war, humpelte Krebs mit dem Kleinen die nunmehr freitragende Treppe empor. Und da stand SIE, schön wie die Nacht, glitzernd wie das Funkeln der Sterne und unergründlich wie die Tiefe der fließenden Wasser. „Geliebter," sagte sie, „und du, glückliches Kind, ihr habt Rettung geschaffen und große Not abgewandt. Das ist gut für uns, den Fluß und die Menschen. Ich verspüre unbändige Freude und Lust. Laßt uns drum frohgestimmt sein und in liebender Einmut große Werke für's Leben vollbringen."

Und als sie Krebs, der etwas verwirrt war, einen Kuß gab, brach Jubel aus, und die Menschen umarmten in befreiter Erlösung einander, während die Priester sich schleunigst verdrückten. Überall sangen die Menschen und liebten sich und tanzten umher — aber nicht mehr in rasendem Rausch, sondern frei und voll Glück. Krebs jedoch nahm all dies kaum wahr, denn er fühlte SIE, die mit ihm verschlungen da war und warm.

Aber mitten im herrlichsten Kuß erhielt er plötzlich einen wüsten Tritt in die Wade und fiel beinahe um. „Also," hörte er nah, „geknutscht habt ihr für's erste aber wirklich genug, und ich bin schließlich auch noch wohl wer!" da fuhr Krebs herum, packte den Bengel und rief lachend: „Du Piesack, du halbe Portion, du denkst wohl, jetzt wo wir frei sind, kann jeder in Übermut treiben, was grad ihm behagt, aber, mein Lieber, da bist du einem Trug aufgesessen, dem ist nämlich keineswegs ein solcher Verhalt" ... „Nein," warf sie ein, „da hast du wohl recht; hier ist schon ein Spaten, Geliebter — ans Werk!"

Mein Lied für dich

Liebste komm,
wir müssen raus.
Liebste, ball die Faust,
laß unsre Liebe unsern Kampf sein.
Denn deine Hand
und meine Hand
sind unsre Faust.

Liebste komm,
wir müssen die Revolte schüren,
Kämpfer mit den Massen sein,
um uns alle zu befrein.
Liebste, laß die schwarze Fahne wehn,
laß das Volk mit uns aufstehn —
um frei zu sein,
um wir zu sein.

Liebste komm,
wir müssen kämpfen,
unsre Liebe zeigen, unsern Kampf beweisen,
Freiheit, Leben, Anarchie.

Liebste komm,
die wollen mich ermorden,
Liebste, gib mir Kraft,
als Anarchist zu sterben,
daß wir siegen.

Die Partisanin

Eigentlich hatte ich nach Portugal runtergewollt, und jetzt sieht es so aus, daß ich hier Tellerwäscher von ner ganzen Kommune bin. Es ist kaum zu glauben, wieviel Geschirr so ne Truppe schmutzig machen kann. Woher die das überhaupt alles haben, diese Linken.

Die Sonne scheint rein, es ist sechs Uhr morgens, aus dem Lautsprecher dröhnt es revolutionär: und weil der Mensch ein Mensch ist, drum hat er Stiefel im Gesicht nicht gern.

Sie sagt: was willst du in Portugal? Gibt es hier nicht genug zu tun? Sie sagt nicht: das ist doch scheiße, das ist doch wie die Mona-Lisa-gucken-Gehn, überhaupt, sie fragt ganz nüchtern, so als echte Frage, nicht ironisch, provokativ oder so. Das fand ich gut.

Einer kommt reingeschlurft, halbnackt, strähnig, verschlafen. Gut, daß du abwäschst, sagt er, das war mal Zeit, daß das wer machen würde, wer bist du überhaupt? Ja, sag ich, fühle mich etwas als Eindringling, stehe hier plötzlich so und wasche ab, ja also, ich wollte eigentlich nach Portugal, aber Britta meinte, ich solle doch ruhig mal auf'n Sprung bei euch reinschaun, ihr hättet viel Raum.

So, knurrte er, und wo ist Britta jetzt? Sie wollte eben baden, wir sind die ganze Nacht durch gefahren. Er nickt, gähnt, schlurft raus, grinst: weitermachen, nicht stören lassen.

Ich krempele die Ärmel hoch, kratze verklebte Krusten aus Schüsseln und Schalen. Spaß macht mir das nicht. Leider habe ich mich sogar freiwillig erboten, zwecks das zu verrichten. Wohl zum ersten Mal in meinem Leben. Allerdings hatte ich auch nicht damit gerechnet, daß sie mir strahlend um den Hals fiele, sagen würde, oh ja, das ist prima, du bist ein ganz lieber Typ, ich bade dann derweil, helf dir nachher auch abtrocknen. Ich meine, das Um-den-Hals-Fallen ist gut, das gefällt mir, aber deswegen hätte sie mir nicht gleich den ganzen Abwasch mit umhalsen müssen, noch dazu strahlend. Zum Beispiel hätte sie gerührt erwidern können: ach laß man, das machen wir schon. Das tat sie aber wie gesagt nicht.

Also scheure ich nun mal mit Ata an so nem Kuchenblech rum, und dieses Zimmer ist eine Wohnküche. Riesig groß, so mit Stuck an der Decke. Es gibt einen runden Eichentisch in der

Mitte, ich stehe an der Spüle vorm Fenster, sehe in einen verwilderten Garten hinein. Die Musik kommt aus mindestens drei Lautsprechern, Triphonie gewissermaßen, könnte man sagen. Was ich gut finde, ist der Teppich. Ich fühle mich in Räumen ohne Teppich immer irgendwie verloren, außerdem hängen hier Bilder an den Wänden, Impressionisten in geschnitzelten Rahmen, sicher vom Flohmarkt geklaut, eine Wand ist auch bemalt, wirklich gut, so eine flimmrige Sonne ist da, sieht aus wie Van Gogh, darunter ein Mädchen mit großen Augen, nackt mit geballter Faust, aber nicht ganz zuende gemalt, weil die Farbe ausging oder mit Absicht, ist ja egal; an der Tür hängt ein Che Guevara, sonst keine Plakate, auch das sagt mir zu. Nur dieser Dreck, den könnten sie ruhig wegschaffen, all diese Flaschen, überquellenden Aschenbecher und das, Papiere, zerknüllte Sachen.

Ein weiterer Typ kommt rein, angezogen, dick, Nickelbrille, Vollbart, guckt rum. Hast du hier ne grüne Mappe gesehen? Ich schüttel den Kopf. Ist auch nicht so wichtig, sagt er, übrigens, ich bin Thomas, Anarchist, klar, was sonst, und du? Ich wieder mit Portugal, daß ich runter wollte und dann das mit Britta. Er verzieht die Mundwinkel, Portugal, soso, er dächte, das sei schon passé. Ich sage, verärgert, statt daß er mir hilft, mich Rechtfertigungen bringen läßt, sage, daß ich da nicht aus besonderen Gründen, gar revolutionären, hätte hinfahren wollen, nein, nur weil mir alles gestunken habe, Frau weg, weißt schon und so, da habe ich mal lostrampen, runter von der Düne wollen, und zwar in den Süden, warum da nicht Portugal, immerhin, viele Typen von überall könne man da treffen, vielleicht auch noch einige Ansätze oder Reste vielmehr, Landkooperative oder was, zudem, ich studiere Biologie, hätte paar Würmer genealogisch verfolgen wollen. Er meint, okay, winkt ab, ihm sei das ohnehin ganz wurscht, ich solle ruhig fahren, wohin ich wolle, bloß keine Mystifikationen. Inzwischen wühlt er überall in den Papieren rum, sucht wohl seine grüne Mappe, mich macht das ganz wild, bin auch etwas gereizt wegen dem Abwasch, der durchwachten Nacht, denke, ob der Typ vorhin wohl Brittas Mann war, klar, ich meine, es ist mir natürlich egal, muß mir egal sein, und ich bin ja auch nicht ihretwegen hergekommen, sondern nur so, aber letztlich, irgendwie, man schielt ja ganz unwillkürlich zuweilen so rum, zumal, wenn man an sich so keinen hat, und übrigens, sie ist auch for sure nicht schlecht, sie hat so eine Art, eine, die einen sich stark fühlen läßt.

Der Thomas setzt Wasser auf, beginnt, Kaffee zu mahlen, ich bin soweit fertig, wasche die Spüle aus, schnappe mir ein Handtuch, ziehe Löffel durch. Der andere Typ kommt wieder rein, ruft, hey, wir machen 'n richtiges Frühstück, Britta hat selbstgemachte Johannisbeermarmelade von zu Hause mitgebracht, holt Brötchen und Butter, Jungs, räumt mal auf hier, das ist sonst nicht richtig. Du Arsch, zischt Thomas, mach lieber mal selbst, wir arbeiten doch schon, außerdem, ich hab heute ne Prüfung, brauche Schonung. Der legt jetzt Edgar Broughton auf, fügt sich, schaufelt Müll in Plastiktüten, Thomas filtert Kaffee, raucht, ich trockne Teller ab, die Sonne scheint rein.

Britta ist da, rote Haare, noch feucht, taufrisch sieht sie aus, man meint, die Brötchen durch die Tüte zu riechen, wie sie noch warm sind, weiß, knusprig; sie wischt den großen Tisch ab, räumt meine Teller weg, lacht mir aus den Augen zu, streckt sich, sagt, mein Gott ist das schön, dieser Morgen, Brüder zur Sonne!

Plötzlich ist alles fertig. Die Marmelade ist dunkelkernig und fest, sie sagt, hier wohnen wir, als es klingelt, ich Brötchen aufschneide, sie die Treppe runterspringt, mit zwei ziemlich verdreckten Buben wieder hochkommt, so fünfzehn mögen die sein, setzt euch erstmal hin und eßt was, so schlimm wird's schon nicht werden. Es sieht aber doch schlimm aus, die sind vollkommen hin, sie wären am Rhein gewesen, dann bei den Bullen die Nacht, weil sie besoffen irgendwie, und Wolfgang habe sie jetzt hergeschickt, da die Fahrräder weg seien, und um neun käme der Schulz, der der Heimleiter ist, dann müßten sie wieder zurück sein, der Wolfgang bekäme sonst Mords-Ärger, das sei nämlich so, daß er das nicht gemeldet habe, daß sie weg waren, hätte er machen müssen, hat er aber nicht, sei'n dufter Kerl, und wenn jetzt die Fahrräder nicht da seien, käme alles raus, während also das mit den Bullen, das habe der Wolfgang schon gecheckt, die hätten ihn glatt für den Obermacker gehalten, und wir müßten, also der Wolfgang hätte gemeint, weil er da jetzt nicht wegkönne, ob wir nicht vielleicht.

Der blonde Typ mit den Strähnen sagt, er habe kein Wort verstanden, allerdings, er müsse sowieso gleich los, nämlich arbeiten, wir würden das schon schaffen. Die beiden schmieren indes mit der Marmelade rum, mir wird ganz schlecht, Thomas sieht finster drein, ihn macht das verrückt, der Wolfgang sei wohl nicht mehr ganz dicht, hier die Treber herzuschicken, wir sind doch wohl nicht das Müttergenesungswerk, oder wie. Britta sagt, kommt Jungs, wascht euch mal, das Badezimmer ist oben, dann fahr'n wir los. Zu mir: kommst du mit, Fahrräder suchen? Klar, sag ich, was sollte ich sonst auch machen. Thomas grunzt, nicht mal frühstücken könne man hier. Sie hat ihm ein Marzipanbrot vom Bäcker mitgebracht, damit er seine Prüfung durchstehe, was es eigentlich wäre, Logik? Er sieht schon versöhnlicher drein, ja, Logik, sagt er, und übrigens, der Gedanken seien dreierlei, die Kategorien, die Reflexionsbestimmungen und die Begriffe nämlich.

Als wir runtergehen, raunt er mir zu, sie sei ne heiße Frau, sagt ihm nie, er solle nicht dauernd Fettendes essen, brächte ihm stattdessen Marzipan mit, wo das sein letzter Trost sei, ohne Marzipan bliebe ihm fürwahr nichts, dann könnte er sich auch gleich aufhängen, sie verstünde das, sonst niemand, und außerdem, die Qualität ist die unmittelbare Bestimmtheit, deren Veränderung das Übergehen in eine Entgegengesetzte ist. Ich glaube ihm das, wünsche viel Glück, rase hinter denen die Treppe hinab.

Unterwegs erfahre ich, daß Wolfgang einer aus der Kommune sei und seinen Ersatzdienst in einem Lehrlingsheim mache. Jetzt war er übers Wochenende allein da und hat die Jungs abdüsen lassen, ohne Alarm zu schlagen, und die sind natürlich hakhevoll von den Bullen gegriffen, heute morgen dann zurückgebracht worden. Wenn die Sache wegen der Fahrräder jetzt aber auffliegt, kommen die beiden ins geschlossene Heim und Wolfgang fliegt raus. So ist das. Und deswegen müssen wir die Scheiß-Räder jetzt schleunigst mal finden. Wißt ihr denn eigentlich so halbwegs, wo?

Ja, so am Rhein bei ner Brücke. Erstaunlich, jetzt wo wir, was heißt wir — Britta, aber wo sie das in die Hand genommen hat, sind die Jungen ganz ruhig, fast unbeteiligt, albern rum. Sie könnten, finde ich, ja vielleicht auch mal überlegen, wo das denn nun genau war, Brücken gibt's ja schließlich ne halbe Million. Britta scheint das anders zu sehen, pfeift die Internationale, hupt die Leute an, fährt unbekümmert drauflos, runter zum Rhein. Da ist es dann genau, wie ich's mir dachte. Ja also, nee, die Brücke nicht, ich glaub mehr so da vorne, oder warte mal, nee doch, ja hier irgendwo, halt mal an, ja, nee doch nicht, also das war da so ne Böschung mit Gras. Na, und dann alles Einbahnstraßen, keine Übersicht, dieses planlose Rumgefahre, ich möchte was zerschlagen. Die indes gucken nicht mal richtig hin, ob Köln noch ne Chance beim Pokal hat, verlassen sich voll drauf, daß wir das schon finden.

Es ist acht, und um neun muß spätestens die Sache geritzt sein, Jungs wie Fahrräder. Ich sage ihr das. Ja, ganz schön scheiße, grinst sie mich an, ich glaube auch, das bringt so nicht viel; sagt mal, weiß der Arsch bei euch, wie die Räder genau aussahen, haben die 'n Stempel oder so? Nee, aber die sind ziemlich neu, und Wolfgang will, daß wir keinesfalls welche klauen, weil bei uns immer mal die Bullen vorbeikommen und so rumgucken. Herrenräder, was? Bedruppstes Genicke, immerhin, langsam nehmen sie's wieder ernst. Sie seufzt, sieht mich zerknirscht an, hast du zufällig zweihundert Mark wohl dabei? Das scheint mir zwar toll, aber nun, wie soll ich's leugnen, kann ja nicht sagen, daß ich mit nix nach Portugal runter wollte, denke zudem, ist ja auch egal, die sind sowieso alle verrückt und ich auch, sage zähneknirschend mit saurem Lächeln: ja, hab ich, fragt sich nur, ob wir 'n Laden finden, der wo schon aufhat. Sie strahlt, das sei kein Problem, prescht los, sie kennt so ne Reparaturwerkstatt, da gäb's auch Räder, da sei immer wer. Die Jungen scheinen das vollkommen normal zu finden, ich denke, hingegen, daß ich da fast ne Woche für gejobbt habe. Danke immerhin könnten sie schon sagen. Als ich uns Zigaretten anmache, denen die Schachtel überlasse, denn wenn schon denn schon, ihr eine in den Mund stecke, drückt sie mir den Unterarm für ne Sekunde; ich freue mich, bin richtig glücklich, es kann so viel darin sein, wenn wer einen berührt, kann mehr sein als 'n Song wie: das find ich nett von dir. Das sagt sie nicht, fragt die beiden nur nach Details, Lenker, Spiegel, Farbe und so.

Dort geht sie alleine rein; Hinterhof, irgendwo klopft was, hämmert, der Laden selbst ist noch zu. Dann kommt sie wieder, winkt uns, neben ihr einer, so'n Alter im Overall, schmierölig, sieht sie geil an, aber sie hat die Action drauf, da ist alles geballt, da pfeift man nicht, kneift nicht wohin, keine Sorge, die schnappt sich keiner. Ihr Haar ist jetzt richtig rot und gelockt in der Sonne, wir gehen ins Lager, suchen Räder aus, gebrauchte, fast neu, bißchen Öl drauf und Schmutz, zweihundertfünfzig, weil wir's sind, 'n Reservereifen mit echt noch gutem Profil für's Auto würde er noch dazugeben. Die Jungs sollten flugs abzischen, Wolfgang bestellen, daß wir ihn um zehn abholen kämen. Alles klar; tschüß, ihr Kanaillen. Die winken, wir packen das Rad ins Auto, schwingen uns rein, fahren ab. Weißt du, werfe ich ein, ich würde jetzt gerne frühstücken, Zeitung lesen, was meinst du? Ja klar, natürlich, aber wollen wir nicht noch warten, bis der Wolfgang fertig ist; guck mal, der hat jetzt den ganzen Horror gehabt und überhaupt, der freut sich bestimmt. Ich fühle, ich werde der Freudenspender vom Dienst, erkläre mich aber gleich zu allem bereit, hätte ja sowieso nichts weiter vor. Das sei schön. Weißt du, fragt sie todernst, warum ich dich mithaben wollte hierher? Ich zuck mal die Achseln, verkneife mir einen dümmlichen Schäker, den man in solchen Fällen ansonsten bringt. Weil, lacht sie plötzlich, weil's ziemlich langweilig ist, wenn man die ganze Nacht fährt und kein Radio im Auto hat. Aha, ich muß an Bommerlunder denken: heiß geliebt und kalt getrunken. Und was machen wir dann jetzt in der Stunde?

Wir fahren rum, erst zur Marktverwaltung, oder wie das heißt, dann zum Ordnungsamt, tausend Gänge, keine Parkplätze, Fahrstühle, lauter Idioten, falsche Zimmer, Formulare, Stempel, was wollen Sie denn verkaufen? Bücher? Flugblätter? Verschmutzungsgebühr!

Also sowas kratzt mich ja unheimlich an, alleine hätte ich das auch nie geschafft, ein Glück, daß sie so hartnäckig ist, sich nicht abwimmeln läßt. Na, schließlich haben wir tatsächlich alles genehmigt, sitzen wieder im Auto, fahren zu dem verdammten Heim raus, halten noch bei nem Tabakladen, ich rein, kauf Zeitungen, Zigaretten, auch schwarze für sie. Mann oh Mann, so aufmerksam war ich noch nie. Will schon wieder rausgehen, fällt mir Thomas ein. Haben Sie auch Süßigkeiten? Kaufe ne Schachtel Konfekt, notfalls zum Trost, sonst halt zur Feier des Tages. Dann weiter zu diesem Haus, das mehr einer Zuchtanstalt gleicht. Roter Klinker, düster, alles zu. Klingel, Messingschild. Das ist ein ganz normales Heim, sagt sie, die sind alle mehr oder weniger auf die Art gebaut. 80% der Jungen landen von denen im Knast, die sind nämlich so kriminell veranlagt, diese Burschen. Das ist nun mal so, hoch die fdGO.

Die Tür schnappt mit Summer auf, drinnen ist es dunkel, vorne rechts eine Art Portiersloge, Garderobe aus Eisenhaken, Schlüsselbrett, freudvolle Jugend. Wolfgang kommt, blaue Augen, Goldrandbrille, Windjacke. Unpassend, finde ich, wie kann man hier hell wirken können. Kommt, sagt er, bloß raus hier, zieht uns mit. Draußen scheint die Sonne, man kann das hier im Augenblick des Reinkommens völlig vergessen. Die Jungen, denke ich, kommen nur zum Arbeiten raus, wenn man das Geplante, den Fußball in der Zeit von bis mal außer acht läßt. Und wenn sie dann einfach wegmachen, paarmal nicht im Bett liegen, wenn's gongt, sind sie im ganz Zugemachten, wo gar nichts mehr geht. Warum sollen sie Danke sagen, ich Wichser. Danke, daß sie erst nächste Woche ins Geschlossene, erst nächstes Jahr in den Knast kommen, oder wie?

Mann! ächzt Wolfgang, läßt sich in den Sitz fallen, zieht tief ne Zigarette ein. Irrenhaus, das könnt ihr euch gar nicht vorstellen! Also diese Wochenenden sind echt die Hölle. — Ich bin dafür, schlägt sie vor, irgendwo ins Cafe zu gehen, sonst kommen wir wieder nicht zum Kakao. Habt ihr denn Geld? Klar, sagt sie, wir haben einen Mäzen gefunden, der lädt uns ein, der hält uns aus. Na prima, sagt er, klopft mir auf die Schulter, solche Genossen lob ich mir.

Das Cafe liegt in einer Fußgängerzone, schräg gegenüber von Karstadt; da stehen Stühle draußen, Sonnenschirme. Um uns rum wühlen kinder- und taschenbehängte Hausfrauen, einige schuleschwänzende Oberschüler mit Softeis. In der Mitte blinkt Wasser im Sprüh. Ich bestelle mir einen Apfelstrudel mit Sahne, Kaffee und Cognac, die anderen auch. Ich bin wegweisend, mein Geschmack hat's in sich, ist populär. Wolfgang erzählt von den Jungen. Ich kann da nicht mehr zuhören, lasse mich in das Brodeln um mich her versinken, fühle, daß sie mir mal zulächelt, dann sagt sie was zu ihm, ich höre kompensatorische Vorschulerziehung, Geschlechtsrollenidentifikation und so. Mein Gott, woher sie bloß die Kraft nimmt, jetzt noch so ne Diskussion abzuziehen, das ist ja unglaublich. Mein Apfelstrudel kommt, am Nebentisch kippt ein Vierjähriger seinen Eisbecher um, die Mutter kreischt und zerrt und wischt, schließlich fängt der Kleine noch zu heulen an. Kein Wunder, würde ich auch machen, sein Eis ist es nämlich, das hin ist, und die Alte pöbelt auch noch, Scheiß-Frau. Aber ich esse jetzt meinen Strudel, trinke Kaffee und leckt mich am Arsch. Sie tut das auch, scheint sich pudelwohl dabei zu fühlen. Ich frage sie, wie sie das mache, sich wohl immer wohl zu fühlen. Meine Großmutter, grinst sie mir schlagsahnig zu, meinte, man sollte ständig was machen, dann braucht man nie ein schlechtes Gewissen zu haben, wenn man nichts mache. Also mir schmeckt's jetzt, und wenn wir vorhin nicht rumgejagt wären, schmeckte's mir nicht. Verstehst du? Wolfgang bemerkt, man dürfe halt immer nur eins machen und sonst nicht weiterdenken, mal essen, mal bomben, nie beides zugleich. Unter derartigem Zeitvertreib sitzen wir da, sitzen müßig sozusagen.

Als wir zurückkommen, sieht es dort schon wieder wie im Schweinestall aus; einige Leute hocken rum, einer klimpert auf ner Gitarre, die anderen blättern in Zeitschriften, starren in die Luft und so. Man hat offenbar auf uns gewartet, oder auf Godot, kann auch sein, jedenfalls blickt alles erwartungsvoll hoch, als käme jetzt was. Es mag elf Uhr sein; komische Zeit, um so rumzusitzen, finde ich irgendwie. Montags um elf. Es gibt Leute, die arbeiten da. Das ist die Krise, wirft wer ein. Zudem sind schon fast Ferien, auch ist es warm.

Wo es warm ist, sagt Britta, sollten wir vielleicht ein Gartenfest machen. Wir könnten einen Ochsen braten, am Spieß oder so. Einer, der mit Locken und ner Nickelbrille, erzählt, sie hätten mal einen Hammel rösten wollen, da bin ich nachts mit einem auf die Koppel, einen zu jagen. Man erkennt die, weil sie oft so Lederschürzen umgebunden haben, zwecks Verhinderung von Begattung. Na, wie dem auch sei, ich also hin mit nem riesigen Dolch, der andre hat ihn festgehalten, der Hammel hat nur dumm geguckt, schafsmäßig eben, ich also den Dolch gezückt und hab's natürlich nicht fertiggebracht, klar, so ist das, stich mal nen Hammel ab. Und dann? Ja nichts, haben wir halt Würstchen gegrillt. Pißnelke! Würstchen sind zu teuer, die frißt man so weg, hat gar keinen Sinn, erst damit anzufangen. Und übrigens kriegen wir sofort ne Kündigung, wenn wir jetzt hier 'n Riesen-Gartenfest machen. Habt ihr, frage ich, bislang noch nie eins gemacht? Nee, überhaupt seien sie erst vor nem Monat eingezogen. Einer schlägt vor, das mit dem Fest zu verschieben, mal an nem Samstag und dann die ganze Straße einladen.

Mir fällt auf, es wird durchaus viel angeregt, alle reden von Sachen, die man machen könnte, nur tut keiner was. Wo bleibt die Großmutter, die fehlt ganz entschieden. Ich sage ihr das. Richtig, lacht sie, nur, ich bin eben hier kein Chef, mein Lieber, mach du doch mal was. Dann verkündet sie, daß sie noch mal weg müsse, zum Rechtsanwalt, kurz aufs Gericht, ob einer mitkäme. Ich biete mich an. Nee, sagt sie, sie hätte keinen Bock, den ganzen Tag mit mir durch die Gegend zu zockeln und überhaupt, ich sei doch so aktionsgeil, also los, nur keine Hemmungen nicht. Dann ist sie prompt weg. Ich bin ein bißchen traurig, auch sauer irgendwie, habe Wut, wenn man so will. Aber nun, avanti, vorwärts und so.

Wieviel, erkundige ich mich, sind hier zum Mittag? 'N Dutzend wohl oder so, okay, schreie ich, ihr Ärsche, wenn wer nichts dagegen hat, machen wir Bratkartoffeln für alle, kaufen 'n Eimer Gurken, Zwiebeln bräuchten wir auch noch. So, und dann könnten wir die Fete am Samstag machen, bis dahin alles vorbereiten, nech. Das stößt auf Applaus, einer meint, wir könnten Flugblätter drucken und an alle in der Straße verteilen, sie sollten die Kinder mitbringen, die sollten Lampions basteln. Nee, schlägt wer vor, wir holen die Kinder her und machen die Lampions mit denen hier, geben ihnen dann Flugblätter mit für die Alten. Apfelkuchen könnten wir backen, ich kenn wen, wo wir Äpfel umsonst kriegen, Falläpfel, wenn wir sie sammeln.

Und so geht das wieder mal weiter, Pläne kommen auf, zuhauf. Ich stelle fest, daß es Kartoffeln im Keller gibt, trage welche rauf, beginne zu schälen und, siehe da, welche helfen sofort. Einer erbietet sich, Gurken zu kaufen, Zwiebeln und dies, nur, wer's bezahlt, steht wieder mal aus. Es sei zwar eine Haushaltskasse da, sagt Wolfgang, aber es ginge nicht an, daß die, die hier wohnten, immer für alle die Zeche einbrächten. Schließlich wird die Kasse dann aber doch geleert. Zum letzten Mal, künftig müßte das anders werden, zum Beispiel daß jeder was, egal was immer mitbrächte, wenn er käme. Auch Schüler könnten sehr wohl was zu Hause oder sonstwo klauen, und wäre es nur ne Tube Senf, alles würde gebraucht.

Dann bricht große Regsamkeit aus, es kommt tatsächlich dazu, daß alle was zu tun beginnen. Welche schälen Kartoffeln, welche machen sich an den Garten, Tische für den Marktstand werden gewerkt, ein Flugblatt entworfen. Erstaunlich, daß es kein Chaos ergibt, doch das vermeidet sich wohl, eben der Geschäftigkeit wegen, da keiner mehr rumhängt, Aggressionen häufelt und Utopia beredet. Es geschieht, daß sich alles ineinanderfügt; Britta sagt später, es sei nur der Funke, woher er käme, sei immer das Problem. Und das zeige sich hier: Aktion, direkte Aktion, dann zögen schon alle mit. Es sei der Fehler, habe ihre Großmutter gesagt, das Pferd vom Schwanz her aufzuzäumen, nicht sagen: macht mal, alles organisieren und so; nein, vielmehr müsse man selber loslegen, dann und nur dann würde es flucken, sich von alleine fügen und vollziehen. Portugal sei überall, wo man es mache, nie aber da, wo man es diskutiere, Widersprüche eruiere, die sich in der Praxis gar nicht stellten. Und, frage ich, ist das dann Revolution? Gartenfest, Rumgerenne und kollektiv geschälte Bratkartoffeln? Ja, sagt sie, dies sei Revolution, denn frei sein müsse man lernen, beim Bratkartoffeln schälen wohl eher als beim Marxlesen. Und, halte ich empor, wie, wenn es nun zerschlagen wird, Polizei, Nachbarn, Knast. Dann, entgegnet sie, dann wüßten die Leute positiv, wofür und warum sie zu kämpfen hätten, weil, nämlich weil sie gesehen hätten, wie's besser sei, gesehen, wie man's zerschlug, gesehen, daß es keine Insel geben kann, daß man das System verkehren muß.

Boy's Dream

Lägst du da, längs,
tränkest Whisky, warm,
rauchtest,
keine Ringe blasend,
vorsichtig, am Filter
zwischen trockenen Lippen,
gespitzt,
die Züge ziehend,
hier und da,
ausatmend bis zur Neige,
küßte ich dich,
sanft,
quer mich legend,
das Ohr da,
wo die Lunge hebt
und sähe,
zwischen deinen Brüsten,
nah,
dein Kinn,
warm und weich,
so wie Whisky riecht,
streichelte deinen Hals,
bis hoch zum Ohr,
und zöge die Knie an.

Sept. 74

Einstweilen ist es allerdings noch ziemlich finster und kalt
eine wüste Mitternachts-Moritat

Es ist saukalt und zieht wie verrückt. „Das kommt,", sagt sie, „weil nämlich das Bodenblech durchgerostet ist." Das hat er schon gemerkt. Außerdem geht auf einer Seite die Heizung nicht. „Wo willst du eigentlich hin?" fragt sie. Sie hat rote Locken, einen schmalen Mund und ist offenbar ziemlich blaß. Mehr kann er jetzt nicht erkennen. Naja, noch, daß sie so einen Afghan-Mantel anhat, enge Jeans und fast kniehohe Stiefel aus Knautschlack oder solchem ähnlichen Zeug, er ist kein Kenner von diesen Dingen, interessiert ihn auch gar nicht. „Ja," sagt er, „ist egal, schmeiß mich irgendwo in der Innenstadt raus, wenn das geht." – „Ach komm, ich fahr dich schon ganz hin, wenn du überhaupt irgendwohin willst." – „Das hast du schön gesagt," erwiderte er, „ich will nämlich eigentlich nicht besonders wohin." – „Dann", sagt sie gähnend, „willst du sicher Matrose werden, Selbstmord machen oder sonstwas Langweiliges, damit sie, die Treulose, auch sieht, was sie davon hat, was?" – „Nein," sagt er gähend, „noch was Langweiligeres. Ich will zu meinen Eltern, da kann ich heute Nacht nicht mehr aufkreuzen oder will das nicht oder was auch immer. Jedenfalls gehe ich da erst morgen hin, und deswegen ist es mir scheißegal, wo du mich absetzt." – „Aha." Auf der anderen Seite ist ne Militärkolonne, vielleicht machen sie 'n Manöver oder 'n Krieg. Wer weiß das schon. Wenn er bloß nicht so fröre. „Frierst du?" – „Ja." Dann überholt sie einen Laster und es wird ganz hell, von hinten kommt einer halogenorgelnd angebraust, will sie wegdrängen. Er liebt derartiges nicht. Sie scheint es aber spannend zu finden, geht extra ein bißchen vom Gas, schiebt sich Meter um Meter an dem Lastzug vorbei, und der hört überhaupt nicht auf, wird eher immer länger.

„Sehr gesprächig geradezu bist du ja nicht, finde ich, aber trotzdem könntest du jetzt mal was erzählen, weil ich dich nämlich deswegen aufgesammelt habe." – „Was willst du denn hören?" – „Bist du zum Beispiel politisch?"

Dann kommen sie langsam an; das sind Neubau-Blocks, sieht aus wie im Märkischen Viertel, alles ziemlich modern und deprimierend. So mit flotter Skyline, und unten stehen zuweilen Bäume rum, auch Rutschen für die Kinder hin und wieder, und die zertretenen Rasenflächen sind teils mit Schneekrusten bedeckt. Es ist zehn. Die Straße dreht sich im Ring, und nach ner Weile sind rechts paar Bungalows mit Blick ins Land. Die sehen nicht schlecht aus, nur, denkt er so nebenbei, irgendwie ist es komisch, daß auf der einen Seite der Straße fünf Familien etwa dieselbe Fläche bewohnen, wie auf der anderen fünfhundert. So kraß sieht man das selten. Da, wo sie halten, stehen schon etwa zehn Daimler und paar ähnliche Wagen. ,,Die haben," sagt sie, ,,scheint's ein Fest oder so." Das findet er gar nicht gut, er wollte mit ihr reden, vielleicht was trinken, aber bestimmt kein Fest mit Daimler-Fahrern erleben. ,,Deine Eltern sind wohl ziemlich vermögend." — ,,Das kann mal wohl sagen, die sammeln gewissermaßen Geld und diese Sachen." Sie zieht den Zündschlüssel ab, kniet sich auf den Sitz, wühlt hinten zwischen allerlei Tüten und Taschen herum. ,,Weißt du, ich will da nicht rein." Sie sieht ihn erstaunt an, ,,wieso denn nicht? Du brauchst doch mit den Leuten nicht zu reden. Und außerdem sind die sowieso total beknackt, kann dir also vollkommen wurscht sein, was sie reden." — ,,Hast du da ein Zimmer?" Sie kämmt sich jetzt mit einer Drahtbürste die Haare durch, verrenkt sich, um sich im Spiegel zu sehen. ,,Ja schon, das wird aber heute bestimmt als Garderobe benutzt." Dann steigt sie aus, er auch. Er fühlt sich unwohl, denkt, daß sein Pullover am Ellenbogen ein Loch hat. Er könnte ihn wechseln, er hat noch welche dabei, aber sie würde das albern finden, und er ärgert sich darüber, daß ihm das peinlich ist mit dem Loch.

Als sie durch die Pforte gehen, wird es plötzlich hell, Laternen flammen an. ,,Das sind Fotozellen, die das bewirken." Allein das Knirschen vom Kies flippt ihn schon. Vor der Tür fragt sie, wie er eigentlich hieße. ,,Tom", sagt er. Dann klingelt sie so'n Gong. Ihr Vater macht auf. Fünfzig, Koteletten, weißer Smoking, jovial. Oh, das Fräulein Tochter gibt uns die Ehre — und sie sind sicher der Verlobte, nehme ich an?" Er weiß nicht so recht, was er sagen soll, lächelt drum erstmal für alle Fälle verbindlich. Sie boxt ihm indes in den Bauch, bemerkt, daß er nicht den Vatervollen machen solle, das würde ihm eh keiner abnehmen, und überhaupt, er sähe aus wie'n Ludenkönig vom Kiez, was er sich dabei wohl dächte, ansonsten habe er natürlich recht, ja sicher, er sei ihr Verlobter, ob sie'n Fest hätten.

Drinnen sieht er, daß sie stark geschminkt ist, so mit dicken Lidschatten und weiß gepudert. Kadaverlook. Sie ist sehr zierlich, apart würde man wohl sagen. In der Küche wäscht ne Abwaschfrau ab, sonst stehen da Käseplatten und allerhand Garniertes. Sie steckt ihm ne Olive in den Mund, sagt, er solle bloß nicht so verschreckt aussehen. Dann kommt ihre Mutter in die Küche, sehr distinguiert, mit rauchiger Stimme und überaus elegant. „Hallo," sagt die, „was macht das Examen?" — „Was für'n Examen denn?" — „Ach Kind!" und dann zu ihm, gewinnend, mit dem Anflug eines Lächelns, „studieren Sie auch?" — „Der hat nen Doktor." Er ist wütend, findet es zum Kotzen, daß sie das gebracht hat, warum er ihr das überhaupt erzählt hat. „Mein Kompliment, ich hoffe das färbt ein wenig auf unsere Gitte ab, die..." — „komm," sagt die, „laß uns reingehen, ich muß mal was trinken."

Das Wohnzimmer ist riesig groß, so mit schwarzem Natursteinboden und lauter Perser-Brücken drauf. Rechts ist Parkett, so ne Art Eßecke an sich, wo jetzt welche zu James Last's Goldener Hitscheibe Rumba tanzen. Geradeaus geht der Blick über raffinierte Blumengehänge und Sträucher, die da so richtig in einem Beet über dem Fenster sind, das aber noch alles im Zimmer. Von draußen, von der Terrasse her, leuchten rote Lampen herein. Links steht ein Buffet mit Flaschengalerien, Gläsern und Sets. Sonst sind da schwere Sessel und Beistelltischchen, Leute sitzen rum, trinken, reden, erzählen Geschäftliches, Anekdoten und manch anzüglichen Witz. Die meisten sind ganz salopp angezogen. So mit Cordsamt-Jackett, die Frauen hingegen vorwiegend im Abendkleid, merkwürdig findet er das. Er hat so was Verrücktes noch nicht mal im Kino gesehen. Aber jedenfalls fühlt er sich ausgesprochen deplaciert.

Sie beschafft ne Flasche Whisky, zieht ihn auf ein Ledersofa neben sich, macht zwei Zigaretten an, fragt, was er denn jetzt in Zukunft eigentlich tun wolle. „Tja, was soll ich denn schon groß machen, irgendwie was jobben halt, wenn ich was finde. Vielleicht in ner Buchhandlung oder wo." Einer setzt sich zu ihnen, so'n dynamischer, sicher 'n Manager, stellt sich jedoch als Weingroßhändler heraus, klärt ihn über die Vorzüge von weniger lieblichem Burgunder auf. Sie ist plötzlich weg. Er bekommt langsam einen weniger lieblichen Haß. Dann rückt er auch noch ins allgemeine Interesse, denn es hat sich rumgespro-

chen, daß er Doktor der Philosophie wäre, wie sie es nennen. Die scheinen das ja irgendwie furchtbar aufregend zu finden. Eine mit lauter Ketten und Ringen sagt, sie fände junge Wissenschaftler bezaubernd, und er sähe so rührend ordentlich aus, ob er nicht mal mit ihr tanzen wolle. Er sagt, er sei kein junger Wissenschaftler, außerdem hätten sie ihn rausgeschmissen, und tanzen könnte er schon gar nicht. Das scheint sie zu degoutieren, jedenfalls läßt sie von ihm ab. Ein unglaublich fetter Typ mit Fliege lacht Tränen, er sei wohl'n Radikaler. Der Weinhändler klopft ihm auf die Schultern, „nichts für ungut, junger Mann."
Dann kommt sie wieder, setzt sich zu ihm, zieht die Beine an und drückt ihm ein Glas in die Hand.
Die Leute wenden sich wieder ihren vorherigen Tanz- und Gesprächspartnern zu. „Du kommst wohl nicht aus solchen Verhältnissen, du?" — „Mein Vater", sagt er, „ist Lokomotivführer und meine Mutter Telefonistin." — „Richtig proletarisch," meint sie sinnend, „sind die klassenbewußt?"
Da fliegt die Tür im wahrsten Sinne des Wortes auf und zwei unwahrscheinlich verwegene Gestalten kommen herein. Voran ein untersetzter Typ in einer Felljacke mit Jeans, wo Schellen dran sind, bärtig und furchtbar wild. Der andere auch. Der sieht aus wie Pancho Villa, jedoch mit Schlapphut auf und Feder dran.
Neben ihm springt sie mit einem Geschrei auf und stürzt dem vorderen in die Arme; der wirbelt sie klirrend und klingelnd herum, lacht breit und schreit irgendwas auf spanisch oder so. Dann schüttelt er ihrem Vater stürmisch die Hände, klopft ihm auf die Schultern, der Weinhändler sagt: „Das ist Cal, der verlorene Sohn."
Die Leute scheinen sehr amüsiert zu sein, die gedämpfte Öligkeit ist verschwunden. Alle lachen und reden auf einmal ganz laut. Ihre Mutter verkündet zur allgemeinen Erheiterung, daß er, ihr Sohn, noch mehr als bei seinem vorherigen Besuch stänke, sie hätte das für unmöglich gehalten. Der greift sich indes eine Flasche Schnaps, setzt sie gurgelnd an, gibt sie seinem Begleiter, der sie leert, sich das triefende Kinn abwischt.
Cal sagt, sie kämen aus Portugal und wären nur auf der Durchreise, wollten morgen noch weiter nach Beirut. „In Portugal", gröhlt der Fette, „habt ihr wohl reichlich eins auf die Fresse bekommen, he?!" Der andere hieße José, sei'n Genosse

von ihm und könnte Zauberkunststücke, und übrigens, ihn, den Fetten, würden sie nächstens auch noch mal an die Laterne knüpfen. „Da braucht ihr schon zwei, und die aus Krupp-Stahl." kreischt der mit apoplektischer Röte im Gesicht und verschwitzt. Der Weinhändler nickt vor sich hin. „Cal wie er leibt und lebt."

José führt Zauberkunststücke vor; sie nimmt ihn am Arm, gibt ihm einen Kuß, was er nicht zu erwidern weiß, sagt, er solle mal eben mit rauskommen, schiebt ihn vor sich her. Cal kommt nach, sagt „hallo, hab schon gehört. Du bist so'n mit Berufsverbot gefickter Seminar-Fritze, nicht?" Er nickt, sagt, „ja, aber völliger Irrsinn, nur weil ich 68 mal im Vietnamkomitee war und beim Tribunal mitgewirkt habe." Cal lacht, scheint das ebenso komisch zu finden wie der Fette mit der Fliege. „Kannst mal sehen, wie weit die hier schon wieder sind." Sie drängt. „Komm, Cal, was liegt an, ich will hier nicht die ganze Nacht in der Kälte stehen."

„Ganz recht," sagt Cal, „es ist in der Tat mords kalt geworden in Deutschland, aber das tut nichts zur Sache. Es ist vielmehr so, daß wir bis morgen dringend Kohle brauchen, und als ich vorhin Petersens Daimler sah, dachte ich mir, daß man bei dem derweil 'n Bruch machen könnte, solange er hier ist. Irgendwas hat er bestimmt zu Hause, Schmuck, Schecks oder so. Und da hab ich José gesagt, daß er mal testen soll, ob er wohl die Schlüssel in der Tasche hat, und wenn es klappt, mach ich hier 'n bißchen Scheiß, und ihr könnt euch ganz unauffällig verziehen und mal bei ihm zu Hause vorbeischauen. Comprendre?"

„Gut," sagt Gitte, „das kann wohl gehen. Begleitest du mich, Tom?" Er weiß überhaupt nicht mehr richtig, was los ist, fühlt sich auch vom Alkohol etwas benommen und überhaupt, ihn verwirrt das alles so, daß er gar nicht mehr denken will. Er nickt, wird schon alles seine Richtigkeit haben, wenn sie das meinen. Und was soll's, ob er nun hier rumsitzt oder wo einbrechen geht, ist letztlich ja auch egal. Außerdem geht er ja sowieso nur mit ihr und für sie.

Cal schlendert ins Haus, kommt mit nem Schlüsselbund zurück, gibt ihnen Handschuhe. „Bis nachher dann."

Sie nehmen gleich Petersens Wagen. Er hat noch nie in so einem Wagen gesessen. Sie schaltet das Radio ein, und das Armaturenbrett schimmert grünlich. Alles ist da mit Holz verkleidet.

Er versinkt regelrecht in seinem Sitz, hört der Musik zu. „Chopin", sagt er und fragt sich, was würde, wenn sie jetzt in ne Kontrolle kämen, wundert sich, daß sie diesen Wagen überhaupt fahren kann; er würde sich das nicht zutrauen.

Es ist nicht weit, sie hält direkt vor dem Gartentor. Das ist auch so'n Bungalow, vielleicht etwas gediegener, jedenfalls älter und mit Hecken und Rhododendren. „Haben sie keine Kinder oder Hausangestellte?" fragt er, während sie die Schlüssel durchprobiert. Sie schüttelt den Kopf. „Soweit ich weiß, nicht, früher hatten sie jedenfalls nur ne Zugehfrau, und der Sohn wohnt nicht mehr hier, außerdem ist der ganz nett, macht also nichts, wenn der da wäre."

Drinnen schaltet sie überall das Licht ein, geht durch die Zimmer, durchstöbert Schreibtische und Schränkchen, er trottet immer hinter ihr her. „In der Küche ist sicher ein Beutel oder so was, hol mal", sagt sie. Er findet nur den Brotkorb und packt gleich das ganze Besteck rein, weil er annimmt, daß es aus Silber ist. Sie grinst ihn an, „du bist ja 'n Krimineller." Er zuckt die Achseln, „wenn du willst, können wir nachher auch noch ne Bank überfallen." — „Das geht doch nachts nicht", bemerkt sie tadelnd. „Ach so," sagt er, „naja, dann eben morgen."

Auf der Rückfahrt fragt er, ob sie wüßte, wozu Cal das Geld brauchte. „Vermutlich weil er die Schmiere auf'm Hals hat." — „Die was?" — „Die Schmiere," sagt sie, „die Bullen, ist doch klar, die hatten sicher zuletzt paar Agenten unten in Lissabon und wissen dann auch, daß er wieder in Deutschland ist. Also muß er schleunigst weiter." — „Suchen sie ihn denn?" — „Mir sagt er sowieso nie was, ich glaub aber schon."

Sie parkt den Wagen wieder ein, verstaut den Korb in ihrem Auto, schlägt die Tür energisch zu und schiebt ihm den Arm um die Hüfte. Dann gehen sie rein. Da ist der Teufel los. Ein melancholisch dreinblickender Mann trommelt fanatisch heiße Rhythmen auf einigen Safari-Bongos breit, während José mit einer etwas unbeholfen wirkenden Frau irgendwelche Volkstänze vorführt. Alle sehen stark angeheitert und erregt aus, viele sind in Hemdsärmeln, einer liegt stark besoffen auf dem Sofa und schnarcht. Ihr Vater unterhält sich mit wem über die Vorteile von Supermärkten gegenüber Webereien; die ganze Textilindustrie brächte nichts mehr ein, alles Hongkong und Chemie. Der andere nickt. Er sei jetzt in die Elektrobranche eingestiegen.

Cal unterhält sich mit dem fetten Petersen, sie setzen sich dazu, Gitte holt Sekt. Er hört, wie ihre Mutter sagt, daß er, dieser bescheidene junge Mann, ihr sehr gut gefiele, ob sie ernste Absichten hege. „Klar," sagt Gitte, sie sei sogar schon trächtig von ihm. Die sieht sie mütterlich sorgenvoll an, „ach Kind, kann man denn nie mal vernünftig mit dir was bereden?" — „Doch Ma," sagt sie, „morgen ganz bestimmt, ich bleib sowieso über Wiehnachten hier, wenn's euch nicht stört."

Cal sagt, „eh Tom, was meinst du dazu; die fette Ratte hier hat wem, der wo verkaufen mußte, paar Appartement-Häuser an der Ostsee für'n Spottbettel abgeknöpft, jetzt findet er aber kaum mehr Abnehmer und meint, es würde den Absatz fördern, wenn wir mal ne Besetzung organisierten und beizeiten alles kurz und klein schlügen. Dann käme das dick in die Presse und hätte ein mords Image." — „So wie Baaders Fluchtwagen mit den Einschüssen," wirft der Fette ein, „das ist jetzt nämlich wieder modern, in Deutschland Urlaub zu machen, nur haben die Leute noch ein bißchen Angst, daß das kleinbürgerlich aussehen könnte. Jedenfalls die, die nicht wirklich reich sind, aber genug Geld für'n Appartement-Haus haben, und deswegen, na, Sie verstehen schon." — „Und", fährt Cal fort, „ er könnte dann den Quadratmeterpreis — gewissermaßen unter dem Druck der Öffentlichkeit — um ein Drittel senken, was allerdings immer noch das Doppelte von dem wäre, was er dem Bankrotteur gesagt hat; übrigens ein Sozi-Bürgermeister, wo die Jusos das rausgekriegt und ne Menge Schiebereien aufgedeckt hatten, weswegen die Besetzung sich auch gut vermitteln würde. Na, und wir würden fünfzigtausend für Bomben oder sonstwas bekommen, die Hälfte jetzt auf die Hand und den Rest, wenn's klappt."

Er traut seinen Ohren kaum, starrt die beiden entsetzt an. „Fünfzigtausend Mille", grinst der Fette, „verdienen Sie an der Uni doch im ganzen Jahr nicht." Ihn überkommt plötzlich eine furchtbare Wut. „Nein," schreit er, „als Assistent hätte ich nicht mal zwanzig verdient, aber das ist mir auch scheißegal und überhaupt, laßt mich mit euren Schweinereien gefälligst in Ruhe, ich bin da nicht für zu haben." Cal lacht, „schade, wäre doch ganz witzig gewesen; allerdings finde ich's auch nicht so doll und muß morgen eh wieder los."

Sie legt ihm die Arme um den Hals, sagt, „komm, laß uns zu mir rübergehen."

In ihrem Zimmer liegt alles voll mit Pelzmänteln. Sie häuft einige Kissen in die Ecke, legt ne Platte auf und setzt sich zu ihm, macht zwei Zigaretten an, kuschelt sich mit ihm zusammen, streicht ihm zärtlich über die Nase. „Weißt du," sagt sie, „das sind alles Schweine, und das sowieso, da darfst du dich nicht dran kaputtmachen, das ist nun mal so in diesem Land."
— „Ich hab mich", sagt er, „ja auch gar nicht über den Fetten aufgeregt, aber daß dein Bruder, nachdem wir, also ich meine, daß er das überhaupt erwogen hat." Es ist fast dunkel und sie ist sehr dünn aber unendlich warm, und er hat sie furchtbar gerne im Arm.

„Natürlich, der Cal ist auch ein Schwein, sicher, aber er kämpft gegen den Grund, das heißt, das System der Schweine, immer, mit allen Mitteln und ihren Methoden. Und du bist nicht so und fliegst raus und weißt vielleicht, aber davon wird nichts anders." — „Und du, was machst du?"

Jemand kommt rein und macht Licht, holt Mäntel raus, er ist geblendet, macht die Augen zu und drückt sie an sich. Als es wieder dunkel ist und sie alleine sind, sagt sie, „ich weiß auch nicht, je nachdem, das hängt von der Situation ab...weißt du, manchmal weine ich auch... und dann irgendwann erschießen sie Cal... und irgendwann kommt die Revolution. Es ist eine Frage der Widersprüche. Vielleicht sollten wir aber einstweilen miteinander schlafen, uns aneinander festhalten und mal sehen, was zu tun sein wird, meinst du nicht auch?" Aus dem Plattenspieler tönt, daß der Tag am nächsten sei, wenn die Nacht am tiefsten. Er denkt, das muß wohl so sein.

Die Anarchistin

Siebenundzwanzig Zeilen Hochschulrahmengesetz am sechsten Oktober neunzehnhundertdreiundsiebzig, neun Zeilen Studentenparlamentswahlen in Passau. Zusammen sind das sechsundachtzig. In Klammern: dreiundzwanzig Zeilen zusätzlich wegen eines Prozesses gegen zwei Studenten, die demonstrierten. Ordnet sich das unter Hochschule oder unter Justiz? Das sind die Zweifelsfälle, die einen verwirren, verzweifeln lassen, verbittern.

Jedenfalls betrug der durchschnittliche Zeilenwert pro Tag im Oktober neunzehnhundertdreiundsiebzig hundertvierundfünfzig — soweit es sich direkt auf das Hochschulwesen bezog. Man muß da natürlich noch ne Fehlerrechnung machen. Leider ist das aber mit den ganzen Koeffizienten sehr wirr, weswegen ich generell die Hälfte der fragwürdigen Zusätze draufschlage, pauschal. Das rundet sich dann am besten auf krumme Zahlen ein; natürlich unregelmäßig, sonst wäre es beim checkaccount zu auffällig.

Nun muß man Relationen setzen und Koordinatensysteme eintragen, Winkelfunktionen, Teufelsintegrale und dergleichen anfertigen, Varianz-Analysen machen.

Resümierend ist der gesamte Komplex in der Berichterstattung der „Allgemeine" seit den Studentenunruhen qualitativ um einhundertsiebenundzwanzig Prozent (eingerundet) zurückgegangen.

Ich habe Ringe unter den Augen: Schatten, Nachtschatten gewissermaßen. Das kommt, weil ich immer nur nachts arbeite.

Nach dem Sherman-Stein-Test ergibt sich da für alle Werte eine Validität von hundert zu dreikommafünf. Das bedeutet, daß man die Studentenunruhen als regressiv bzw. drooping ansehen kann; und zwar im oben genannten Prozentsatz binnen fünf Jahren.

Eigentlich wollte ich damit schon promovieren, aber der Typ, wo mir zuständig ist, meinte, daß ich noch die „Rundschau" machen müßte, das wäre sonst zu dünn. Bei einer täglichen Akkord-Maloche von acht Stunden dauert das ein halbes Jahr. Täglich zehn Zeitungen und die ganzen Kurven sind nämlich das Maximum des Möglichen; ja, sogar eigentlich nur ein Grenzwert wegen Krankheitsfällen, die mit einer Wahrscheinlichkeit von dreiundsechzig Prozent eintreffen. Hinzu kommen andere Eventualitäten wie Erdbeben (nullkommanullnullnullzwei Prozent), Mord (nullkommanullnulleins Prozent) oder Revolution, für die die Wahrscheinlichkeit noch nicht ermittelt wurde.

Jedenfalls schneit es draußen und die Frau vom Vermieter schippt Schnee, streut Salz, kommt auf'n Sprung rein zu mir, fragt, wie's geht, ob ich vorankomm', wo Birgit denn wäre, die sähe man ja gar nicht mehr. Och, sage ich, die ist zum Schi. Ob sie Rotwein wolle, ich tränke sonst zu viel. Na dann, sagt sie, einen Eierbecher voll vielleicht, aber keinesfalls mehr. Sie ist dick, wohl vierzig, Dauerwellen-Frau. Ihr Sohn ist beim Bund, hätte die Grundausbildung schon hinter sich, das sei ja das schlimmste. Ja, sag ich, die Grundausbildung ist hart, aber muß sein. Doch danach, das wäre ein Kinderspiel. Kein Vergleich mit der Grundausbildung. Helmut heißt er. Aha, so heißt mein Bruder auch. Ach nein, ja, ich war ja mehr für Rudolf, aber mein Mann, der wollte Helmut. Das interessiert Sie sicher gar nicht, wie? Och doch, sag ich, durchaus, man hört doch gern mal was von anderen Leuten. Ja, Sie müßten mal ausspannen, nicht immer nur lesen und schreiben; das geht doch nicht beim jungen Mann wie Sie. Warum sind Sie denn nicht in die Berge, ist doch schön da, auch gesund. Naja, nech, sag ich, das hat so seinen Grund, nech. Ach so, na tschüß dann, kommen Sie doch mal rüber! Wir freuen uns immer.

Es ist der erste Schnee, der liegenbleibt, dies Jahr. Irgendwie ist das immer in der Nacht bei Straßenlaternen. Man schlägt sich in seinen Mantel, setzt den Schlapphut auf, zieht die Stiefel an, ist ausgehbereit. Man freut sich, daß man den ganzen Dreck nicht sieht, alles weiß ist, noch nicht von Hunden vollgepißt, zermatscht. Braucht keine Schneebälle zu fürchten, geworfen von tobsüchtigen Kleinen, die auch Glitschen bauen, wo man hinfällt. Nein, der erste Schnee ist schön, hymnengleich, knirscht wattig, wenn man geht. Lediglich die Schuhe bekommen Ränder.

Hallo Hugo, sagt einer. Naja, hier kennt man sich. Am Tresen sitzt zum Beispiel Ulli. Der macht ne Dissertation über Funktion und Variabilität der Vokale bei Benn und Novalis, um die apokalyptische Tendenz der Expressionisten zur nihilistischen der Früh-Romantiker aufzuzeigen, abzugrenzen, herauszuarbeiten.

Meiner Meinung nach ist das idiotisch, aber das liegt im Wesen der Germanistik, nichts als Statistik.

Na Ulli, sage ich, was machen die U's? Ulli ist kreidebleich, sieht aus wie der Tod, schon völlig apathisch.

Kritische Phase, murmelt er verstört, völlig neuen Aspekt gefunden, alles neu aufarbeiten, drei Jahre.

Wieso denn, frag ich, was ist denn los?

Braun, sagt er, überlegen akzentuiert, braun: a und u, dunkle Vokale, merkst du was?

Nee, sag ich.

Das ist symbolisch, Mann. Präexistenzialistische Nazi-Apokalypse bei Novalis. Nobel-Preis. Sensation. Materialisierte Vokal-Kognition!

Ach so, sag ich, das ja'n Ding.

Und dann zum Klo durch das Billardzimmer, Queuschwingende Volkswirtschaftler, fett und laut, trifft man da, zwängt sich durch, zieht den Bauch ein, den Darm.

Hallo Hugo, hallo.

Vor der Schwingtür zu Spiegel und Becken lehnt ein Mädchen im grau geschmutzten Schaffell, gestickt, das da steht, mich anschaut, ob ich Dope hätte.

Nee, sag ich, und geh pissen. Rück den Hut zurecht, halb über das linke Auge, die Krempe, rechts aufgebogen. Schlage den Kragen hoch, ziehe paar Präser, man weiß ja nie. Kämme den Bart an den Mundwinkeln über die Lippen gezogen, sonst aber schmal. Das macht sich gut, strömt Melancholie.

Komme raus, sie steht da immer noch. Ein Glück.

Na, sag ich, Mädchen, kommst mit auf'n Bier?

Sie ist noch verdammt jung, vielleicht ein bißchen zu kümmerlich, aber ganz süß. Ich steh da drauf. Rote Haare, strähnig, ungewaschen, überhaupt ziemlich verdreckt, kleine Brust, aber spitz.

Jedenfalls kommt sie mit nach vorne, was sie trinken wolle. Sie zuckt die Achseln, irgendwas, meint sie. Ob sie aus dem Heim weg wäre, auf der Trebe oder so, frag ich. Ja, sie wäre weg, würde bald fünfzehn, wäre aber scheiße, wegen der Bullen und so, jetzt auch im Winter. Sie könne bei mir schlafen, das ginge durchaus, ich hätte 'ne Wohnung, kein Problem.

Okay, wir ziehn also los durch den Schnee. Ich lege den Arm um sie. Das geht aber schlecht, weil sie die Hände nicht aus den Taschen nimmt; sie hat keine Handschuhe; ich werde ihr Birgits schenken.

Ob ich Tee machen könnte, fragt sie plötzlich. Ein Tee wäre gut. Essen wolle sie nichts, aber da ich wohl mit ihr schlafen wollen würde, müsse sie sich vorher noch waschen, ob ich eine Dusche hätte.

Das paßt mir nicht, sie hätte es sich entwickeln lassen können, sich an mich schmiegen, sich streicheln lassen und das.

Nein, verdammt, ich will dich nicht bumsen, wofür hält sie mich eigentlich!

Ein bißchen Musik könnte man machen, rauchen, reden und so. Ja gut, aber eigentlich wäre sie müde, wolle ins Bett, nur noch den Tee. Wo sie denn schlafen solle. Im anderen Zimmer, ich müßte sowieso noch arbeiten, schliefe dann hier auf der Couch, müßte vielleicht aber mal durch bei ihr, zum Klo, könnte sein. Das wäre ihr egal, sie schliefe sehr fest.

Das ist das letzte, Präser in der Tasche, ne Frau im Bett, und ich auf der Couch. Ich bin verbittert, trinke Rotwein und gehe viermal zum Klo. Aber sie wacht nicht auf, obwohl ich alles umstoße, lärme, Licht mache, Tempos suche.

Irgendwann fängt der Tag an. Sie schläft noch. Brötchen könnte man holen, Honig, Butter, Camembert, Grapefruit, Kaffe, Cognac. Liebe geht durch den Magen.

Als ich zurückkomme, ist sie weg. Das hat gerade noch gefehlt. Die Zigaretten hat sie auch mitgenommen.

Am U-Bahnhof, die Beine angezogen, rotgefrorene Finger, finde ich sie, sitzt sie, schieße eine leere Cola-Dose über den Bahnsteig, daß das hallt.

Na, sag ich, kommst mit auf'n Kaffee?

Sie steht auf, steckt die Hände in die Taschen und geht neben mir her. Was das denn sollte, sie könnte doch nicht einfach so los, bei der Kälte.

Die Zähne würde sie sich gerne putzen. Warum sie das denn noch nicht getan hätte. Sie brauche keinen Fürsorger, ich solle sie doch in Ruhe lassen, was ich eigentlich von ihr wolle.

Es wäre doch warm bei mir, das wäre doch schon viel, sage ich. Ja, im Winter wäre das viel.

Sie ißt nur ein trockenes Brötchen. Das war vorauszusehen. Sieht mich an, als wäre ich gar nicht da, kaut am Brötchen herum.

Man könnte fast denken, daß du von der Schmiere bist. Du siehst aus wie einer von der Schmiere. Und du redest auch so. Wie'n geiler Scheißbulle.

Sag mal, Mädchen, weißt du, daß nicht mehr viel fehlt, daß ich dir eins in die Schnauze hau? Weil sie mich nicht ernst zu nehmen scheint, aus dem Fenster schaut, wenn sie redet, am Brötchen kaut, sagt,

nenn mich nicht immer ‚Mädchen', außerdem haust du mir keins in die Schnauze, weil du dann ne Anzeige wegen Verführung bekommst.

Ich mach das Radio an. Musik für die Hausfrau. Zeit für Kalauer und andere Mätzchen. Ich muß was unternehmen, sonst macht sie mich fertig. Draußen gleißt die Sonne schräg, glitzert im Schnee. Schlieren auf dem Fensterglas. Ich knall ihr eine.

Ich will Dope, sagt sie, ihre Backe ist ganz rot, ich habe sie geschlagen. Gibst du mir Geld?

Ich hätte sie nicht schlagen sollen, bin doch kein Lude. Sie wird sich bestätigt sehen, wird das kennen.

Bist du süchtig?

Weiß nicht, wohl kaum. Ich drück erst, seit ich aus dem Heim weg bin. Drei Monate.

Gut, sag ich, ich geb dir die Kohle, aber nur für Shit. Ich will nicht, daß du drückst.

Wieviel?

Hundert, mehr hab ich nicht, mehr geht nicht.

Sie ist wahnsinnig klein und dünn. Sie braucht mal paar heile Sachen. Ich geb ihr Wäsche von Birgit, Socken, 'n Slip, Hemd und BH, einen Pullover von mir. Büstenhalter trüge sie nicht, sie fühle sich da gefesselt. Die Jacke hätte sie in ner Kneipe geklaut, die wär schön warm. Ob sie wiederkäme, wenn sie den Shit hätte. Wollte ich das denn? Das wisse ich nicht. Wahrscheinlich nicht. Sie sollte aber kommen, es wäre doch warm hier. Auch linken solle sie sich nicht lassen und keinen Dope kaufen, ich bäte sie darum.

Dann geht sie, sagt nicht einmal tschüß, kein Kuß.

Es ist kein Tag mehr für Zeitungen. Im Fernsehen läuft Kinderstunde. Lassy's Abenteuer. Ich trinke Cognac. Als ich aufwache, liege ich auf dem Sofa, habe alles vollgekotzt. Sie hockt neben mir und reibt den Stoff ab. Ich habe einen widerlichen Geschmack im Mund, auch Kopfschmerzen.

Was denn wäre, frage ich.

Das wisse sie doch nicht, ich hätte wohl zu viel getrunken, was sonst, hätte alles eingesaut, man müsse lüften, aber das Sofa könne man wegschmeißen. Ich hätte noch Glück gehabt, daß ich nicht erstickt sei.

Mir ist das unangenehm, außerdem ist das ekelhaft: ich solle mal duschen, sagt sie, ich stänke.

Als ich fertig bin, die Haare reibend zurückkomme, kocht sie gerade einen Schuß auf, ich beobachte sie, wie sie ihn aufzieht, setzt, den Arm schüttelt, mich ansieht.

Bist du traurig?

Ich lege eine Platte auf, Stones, gehe ins Bett. Irgendwann fühle ich ihren Körper durch Haut und Schlaf. Ich kann mich aber auch getäuscht haben. Träume von ihren kleinen Brüsten, daß ich sie küßte.

Am Morgen liegt sie neben mir, wach, die Arme unterm Kopf verschränkt. Am Hals hat sie einen Leberfleck.

Ich stecke mir eine Zigarette an, eine für sie, huste, denke, was nun würde.

Ob ich sie denn liebte, fragt sie aus grünen Augen, mich flüchtig streifend.

Ja, sage ich, das glaube ich schon. Das muß wohl sein, sonst läge ich ja nicht hier, ich bei ihr.

Ob ich sie heiraten würde, ich käme andernfalls in den Knast, sie zurück.

Ja, sage ich, heiraten wir, wenn das geht, ich kenne die Bestimmungen nicht, die Paragraphen.

Vielleicht hat sie gelächelt, vielleicht auch nicht.

Ich würde gleich hin, zum Jugendamt und so, alles mal abchecken, wie's aussähe und so. Sie solle warten.

Als ich zurückging, rannte ich, wußte, daß sie nicht warten würde, wieder weg wäre, nicht am Bahnhof säße, ich sie nicht fände.

Trotzdem bin ich überall rumgelaufen. Einer sagte mal, daß die Kleine, die ich da mitgenommen hätte, zu mir, von den Bullen gegriffen sei, ob ich das wüßte.

Ja, sagte ich, das wäre klar. Wo denn? Ach da.

Jenny

Berger will die Glastür öffnen, aufschwingen, aber sie geht automatisch auf, da ist nichts zu öffnen, das ist heutzutage oft so. Mißbilligend betrachtet er die Springbrunnen-Plastik mit müder Light-Show. Orange und lila. Die ist mitten im Raum, die Stühle, die Tische, malerisch gemischt, sind Op-gemustert, alles kariert. Da drängt Berger sich durch, schiebt an durchhängenden Matronen-Busen vorbei, kämpft sich durch Omas mit Hüten bei Kaffee und Kuchen, Panik-Müttern mit Wohlstands-Kleinen und fransigen Schülern mit Parka, Led Zeppelin in der Tragetasche.

Am Brunnen im Wassersprüh findet sich ein Tisch mit einer Frau, die liest oder so. Berger wippt den Stuhl ihr gegenüber, zieht die Augenbrauen hoch, sie nickt, er setzt sich hin, schwitzt, steht auf, zieht sich die Jacke aus, kippt die Kondensmilch um. Pardon, das wollt' ich nicht. Sie lehnt sich zurück, legt das Buch weg. Ob er das immer so mache. Hallo Miss, drei Cognac, ein Kaffee. Nein, das mache er nicht immer so, das läge nur an der Hitze, der Enge, der Atmosphäre, ihn kotze das hier an, so eine Scheiße, die Leute und diese ganze Kunst, das sei reine Pornographie und überhaupt. Fände sie das etwa nicht? Sie mag fünfunddreißig sein. Cord-Hose, Wollpullover, ungekämmt, halblang aber dunkel. Nicht mit Schminke und so, schlechte Zähne, die ganz grau sind, und klein und schief. Einer fehlt.

Kann ich einen Cognac abhaben? fragt sie. Sie hätte kein Geld mehr, stände aber auf Cognac. Ja sicher, sagt er, auch mehr, er hätte gerade ne Bank gemacht, die Tasche voller Geld, folglich. Nein. Mehr wolle sie nicht, sie müsse noch Autofahren. Sie hätte sowieso schon zuviel getrunken und sei Rallyefahrerin, könne also ihren Führerschein nicht riskieren. Aha, wieso läse sie denn dann aber Hölderlin, da gäbe es doch naheliegendere Bücher, berufsbezogenere gewissermaßen. Ja sicher gäbe es die, aber viele Rallyefahrer läsen Hölderlin, sogar fast alle. Jedenfalls die deutschen.

Erzähl doch keine Scheiße, sagt Berger, das glaubt dir doch keiner. Sei er vielleicht Fahrer, Le Mans, Monte Carlo und so? Nein, das nicht, aber er höre sich um, und das mit Hölderlin wäre ihm zumindest befremdlich und neu. Na bitte.

Berger ist groß und dünn wie mager, fettige Haare und glatt, aschblond, zausiger Backenbart, Jeans-Anzug und nervös. Trommelt feinfingrig den Tisch, streicht Haare weg vom Gesicht.

Sie sieht sich klapperndes Aluminium in spritzenden Kaskaden an; er hat da den Rücken, kann das nicht sehen, will das auch nicht. Warum sie sich das denn ansähe, sie sei wohl nicht mehr ganz dicht. Er sei auch nicht so schön, sagt sie. Aber wenn er Lust habe, können er ja mitkommen, ihr Hamburg zeigen. Das wäre besonders darum ganz gut, weil sie tanken müsse und – wie gesagt – kein Geld mehr hätte. Sicher sei auch ein Strafzettel zu bezahlen, weil sie die Parkuhr nicht befriedigen konnte. Okay, das wäre nicht schlecht, aber er müsse darauf hinweisen, daß das nur eine kleine Bank gewesen sei, die er gemacht habe, mehr als eine Tankfüllung läge da nicht drin, wenn sie noch wo was essen wollten.

Das ist doch nicht so schlimm, sagt sie, er könne ja noch eine machen, die Bullen würde sie schon abhängen, da brauche er sich keine Sorgen drum zu machen.

Sie ist ziemlich klein, hat ein gebärfreudiges Becken, stellt er fest, schiebt sie vor sich her, wirrt sie durch Tische und Stühle vorbei an Matronen, Schülern und Omas. Rauf auf die Rolltreppe, rum um die Säule, rauf auf die Rolltreppe, fünfmal dasselbe. Sie sei hier mit 'ner Freundin, wohne bei deren Typ; die fickten aber rundum, da sei man leicht deplaciert, so verzog sie sich. Ging in die Stadt, um mal zu sehen, was es so gäbe. St. Pauli würde sie gerne, Reeperbahn. Naja, wie sie wolle, er stände da zwar nicht drauf.

Sie hat einen VW-Käfer, weiß und fast neu. Ob er mal fahren dürfe. Nein, das dürfe er nicht. Er könne sicher gar nicht fahren. Dann klemmt er sich die Finger ein, um den Sitz zurückzuschieben. Als sie die Parklücke verläßt, rammt sie den davorstehenden Wagen. In Paris würden das alle machen, er solle sich bloß nicht wegen 'ner Beule bepissen. Solange er, wie hieße er eigentlich, keine Verletzungen davontrüge, ginge es ihn einen Scheißdreck an.

In St. Pauli steigen sie gar nicht aus, so hätte sie sich das nicht vorgestellt. So dreckig, lauter Krüppel, alte Frauen, Touristen und so. Tja, da könne sie mal sehen, aber in der Nacht wäre es eher so, wie man sich das denkt, wenn Licht und die

Nutten. Dann sähe man den Müll auch nicht so. Am Hafen wäre nichts mehr los, der lohne sich schon gar nicht. Nur noch Container, fast alles stillgelegt. Das wär' vorbei. Alles in Bremen, Rotterdam und so. Das sei ja das letzte, gäbe es denn gar nichts, so mit Milieu? Wäre die Uni gut? Ja, vor ein paar Jahren, da wäre da immer was gewesen, Bullen jedenfalls, Aufläufe und so. Das sei aber auch nicht mehr so, nur noch Studenten, die Mappen trügen statt Mollies.

Berger packt die Trauer. Selbst die Banken wären nicht mehr das, was sie mal waren. Gar das Wetter, die Frauen, das Bier, alles Scheiße. Er zöge sich jetzt zurück, ihm wäre das zu kompliziert. Letztens hätte er belegen wollen, da waren nur noch Computer, früher hätten sie die Akten zerfetzt, jetzt solle er Fragebögen ausfüllen, was das denn wäre, er sei schließlich Student. Außerdem ist er eben altmodisch und könne sich auch nicht dauernd umstellen, das wäre nun mal so. Übrigens hieße er Berger, und sie?

Jenny, er wisse schon; ihr Vater sei Binnenschiffer gewesen. Sie könnten ja 'ne Flasche Schnaps kaufen und zu ihm fahren, ob das ginge.

Er hätte ein riesiges Zimmer, sieben Meter hoch oder so mit Stuck, das sei ziemlich kahl, wenn sie das aber nicht störe, durchaus.

Es sind da ein großes Bett und viele Kisten. Bücherstapel und ein Molly als Briefbeschwerer. Auf den Fensterbänken Pflastersteine. Souvenirs wären das aus Berlin, die rechts aus Mailand. Einige leere Flaschen, Aschenbecher, Plattenspieler. Streetfightin' man, ob sie da drauf stände. Die Bullen-Mütze wär auch 'ne Erinnerung, die würde er ihr schenken, wenn sie wolle, hätte er selbst mal erbeutet, als..., sie wisse ja.

Sie könne hier auch übernachten; denn wenn sie den ganzen Whisky tränken. Das Bett wäre sowieso nur ein Matratzen-Haufen, die könne man ausbreiten, er erwarte nicht, daß sie mit ihm schliefe, sie brauche nichts zu befürchten, er würde deswegen nicht nerven, müsse eben aber noch mal zum Klo, sie solle schon die Flasche klarmachen. Ihm mit viel Cola.

Als es dunkel wird, macht er 'ne Kerze an, legt sich quer, ihr den Kopf auf den Schoß, raucht.

Weißt du, sagt er, das ist schön, daß du da bist.

Sie legt sich neben ihn. Nase an Nase, sie würde jetzt gerne mit ihm. Seine Hände an ihren Brüsten spüren. Die fühlt er.

Küßt sie, beißt sie mit zärtlichen Zähnen, streift hoch am Hals, trockene Lippen zum Ohr, schiebt Kleider weg, zerwühlt Haare, ist in ihr, fühlt sich von Beinen umfangen, eingesogen, paßt sich ihr an, schwingt, wogt, pulsend. Sieht sie aus halbgeschlossenen Augen durch schattige Wimpern, daß sie den Daumen gegen Zähne preßt, stöhnt, er sich entlädt, in sie fällt, wohlig und warm, sie lächelt, ihre Arme ihm um den Hals, er sich neben sie dreht, in ihr bleibt, die ganze Tiefe um ihn ist, die versinken läßt, daß er nur sie, nicht sich da mehr fühlt.

Als er aufwacht, scheint die Sonne schräg rein, sie ist weg.

Berger zieht sich an, sucht Cafes ab, Straßen. Such jemanden in Hamburg, finde. Eine Hostesse hängt Strafzettel hinter Scheibenwischer. Die reißt er ihr weg, pöbelt sie an. Stinkvotze, Bullengirl, sie solle bloß wegmachen, sonst läge was an. Das wäre verboten, sagt sie, seinen Namen, sonst riefe sie die Polizei. Solle sie doch, nur zu. Da hätte er gerade Bock drauf, sollten doch kommen, die Jungs, wo sie denn blieben.

Beim Karstadt reißt er Aluminium aus plätschernden Fluten, bei lila Licht und Orange. He, was machen Sie da! Sind Sie denn blind, Sie Irrer, sagt Berger, Kunst, was denn sonst, das ist Kunst!

Zu Hause trinkt er Whisky. Übelkeit steigt auf, kein Geschmack. Der Magen hebt sich und senkt. Gefahr im Verzug. Warum ist sie weg. Kein, ich komme wieder, weißt du noch.

Als es klingelt, zweimal für ihn, steht er auf, schwerzüngig, taumelig, verquollen. Schleppt sich zur Tür, stößt Vasen um im Flur.

Hallo Berger, sagt sie, legt ihre Arme um ihn, küßt ihn, kommt mit zu ihm rein, was denn sei, er sähe ein wenig verbogen aus, warum denn das.

Wegen ihr, sie sei weg gewesen, das war so schlimm.

Ob er sie denn liebe.

Das könne er nicht sagen, aber sie sei tief und warm. Sie ginge jetzt ins Kino, es liefe 'Sacco und Vanzetti'. Den habe er zwar dreimal schon gesehen, aber natürlich käme er mit.

Nach dem Film gehen sie durch die Straßen, untergeschlagen, essen griechisch, wo Griechen sind, trinken Ouzo; sieh, die feiern das Ende der Diktatur. Ouzo für alle umsonst, drei tanzen betrunken, attonal. Theodorakis spielt, wer sonst.

Einer tanzt mit ihr, mitmachen solle er. Er könne nicht tanzen. Was das denn mache, keiner könne das hier. Es lebe Andreas, Andreas Papandreou, na ja. Ouzo für alle. Tod den Obristen, Nato, CIA, nieder mit Karamanlis, Freiheit und Ouzo.

Dann wieder hin zu ihm. Sie sei müde, wolle ins Bett, zieht sich aus, legt sich hin, eingerollt. Er zu ihr, Nase an Nase. Als seine Hände sich hinabtasten, schiebt sie die weg, nein, heute wolle sie nicht, es war gestern so schön, verschlingt sich aber mit ihm. So wäre es gut. Er hätte Angst, daß sie am Morgen nicht da sei. Doch, das würde sie sein, er brauche nichts zu befürchten. Er weint ein bißchen, er wäre betrunken, wacht wieder auf, sie im Arm, wie nackt sie ist.

Zum Frühstück gehen sie in ein Cafe. Er küßt sie, nimmt ihr Gesicht, aber sie müsse jetzt los, käme auch nicht wieder. Vielleicht irgendwann, aber wohl kaum.

Boogie - Baby und Berufsverbote

Wenn ich hier so sitze
und all dies lese,
das zum Beispiel,
was die Leute so bewegt,
womöglich,
wohin sie verreisen,
ob die Kalorien stimmen,
oder was man dieses Jahr im Schwimmbad trägt,
ob Netzer spielt,
wie der Milchpreis sich verhält,
daß der KBW die Wahl mitmacht
und Zweierbeziehungen gut sind,
besser als 'n BMW vielleicht,
dann,
ja dann weiß ich doch,
daß ich echt anders bin.
Weil,
das ist nämlich so,
daß ich meinerseits
Selbsterfahrung
betreibe,
Selbsterfahrung mit Zärtlichkeits-Touch;
und ansonsten:
ich hab auch was riskiert,
hab ein Gedicht verfaßt,
weißt schon,
eins gegen
Berufsverbote und so.
Mein Boogie - Baby sagt,
das sei jetzt angebracht.

Strandhafer

Es war ziemlich kalt, und irgendwie schnitt der Wind. Paar Strandkörbe standen aber noch rum, als Berger da lang ging. Berger ging gegen den Wind, weil man lächerlich aussieht, wenn die Schöße sich blähen, Haare vor den Augen verfransen. So war das besser, mit wehender Mähne, fliegendem Wadenmantel a la Chicago, das läßt sich sehen. Der Strand war ganz leer, aber sicher gab es Touristen, die in Appartements hockten sur la mer, die ihn glasten, die es beschreiben würden; denn Berger trug in der Rechten eine Pistole, die andere, links, daumengemäß in die Jeans gezwängt. Berger wollte sich erschießen. Allein auf dem Strand, sich im Stoff des Mantels verfangend – taumeln, stürzen, Zeitlupe. Blut würde aus der Schläfe rieseln, in den Sand sickern, schwärzlich gerinnen inmitten der Öde, im Sturm. Paar Strandkörbe, hier und da noch ne Schaufel, ja sogar ein Eimerchen, Algen und Sand. Fast wie bei Camus. Vielleicht wär ne Bühne besser. Halb draußen im Meer, wo Gischt zischt, Seeschaum peitscht, fetzt, verölte Fische treiben.
– Ich hab man auch ne Knarre, hört Berger da hinter sich, wirft sich auf den Boden, rollt ab, reißt die Pistole hoch, das hat er beim Bund gelernt. Über ihm steht ein Dreikäsehoch, zielt mit einem silbernen Cowboy-Colt auf ihn, drückt ab und sagt, peng, jetzt bist du tot.
– Hau ab! Der Kleine rührt sich nicht, sagt nichts, steht da nur so in seiner gelben Öljacke, die viel zu groß ist, beiger Cord-Hose. Hau ab, du Pisser! Der sagt: ist das ne echte?
Berger steht auf, steckt die Pistole in die Manteltasche und stapft durch den Sand, hin, da wo der Strandhafer anfängt, wo man die Cafes sieht und die Hotels. Geht weiter, an den Kiosken vorbei; die hat man schon vernagelt. Da gibt's kein Eis mehr, keine Cola.
Dann ist da ein Cafe mit Meerblick, naja, den haben die hier alle. Berger geht rein, bestellt Grog und Kakao.
– Wenn du deinen Kakao getrunken hast, ziehst du Leine. Der Kleine zwängt sich aus der Jacke, hängt sie links über den Stuhl, hat rötliche Locken, Wollpullover an.
– Sag mal, wie heißt du überhaupt?
– Sigrid, und du?
– Das ist ja 'n Ding. Warum hast du denn keinen Rock an, he?

Sie panscht im Kakao rum. Eigentlich wollte ich gar keinen.
— Das hättest du eher sagen müssen. Jetzt trinkst du den, oder ich flöß ihn dir ein, mit Gewalt!
— Ich trink ihn ja schon, aber warum biste denn so wütend?
— Ach, halt die Schnauze und trink deinen Kakao endlich aus und mach weg.
  Das, während zwei Omas reinkommen, die Idylle suchen. Er runzelt finster die Brauen, sieht grimmend auf. Das hilft aber gar nichts. Die kommen ran. Genau bei ihm an den Tisch. Setzen sich hin.
— Da ist besetzt.
— Wie? schreit die eine, was sagen Sie? Hält die Hand ans Ohr.
— Komm, zieh dich wieder an, wir gehen. Das ist ja das letzte hier, wurschtelt ihr die Jacke an.
— Ach wie nett, sagt die Alte zur anderen, ist das Ihr Kind? — Nein, brüllt Berger.
  Draußen merkt man die Kälte jetzt mehr, das pfeift und beißt. Er fühlt, daß er eine rote Nase bekommt, was er haßt. Die Hände sind auch schon ganz blau. Das liegt am Kreislauf. Vielleicht sollte er aufhören zu rauchen. Naja, hätte er sich erschossen, wäre das kein Problem gewesen. Verdammte Scheiße, die ist ja höchstens sieben, was soll man denn mit der machen? Berger fängt an zu rennen. Sie immer hinterher. Das tut weh in den Lungen. Bleibt stehen, dreht sich um, sie ist immer noch da, kommt näher, sagt, sie könne nicht mehr, er solle nicht so schnell laufen.
— Hör mal, sagt Berger, da vorne steht mein Auto. Ich bring dich jetzt nach Hause, okay? Sie ist noch ganz außer Atem, er auch.
— Ich will aber nicht zurück.
— Wo kommst du denn her?
— Sag ich nicht. Sie steht da, verschränkt die Arme, streckt den Bauch vor.
— Du mußt aber nach Hause.
— Muß ich gar nicht.
— Wenn du nicht sagst, wo du wohnst, bring ich dich zur Polizei.
— Das darfst du nicht, das wäre gemein. Ich komm mit zu dir.
— Du bist wohl nicht mehr ganz dicht!
  Sie sagt gar nichts, steht da nur. Berger verschränkt die Arme auch. Auge um Auge. Das bringt aber nichts.

— Jetzt erzähl bloß noch, daß du ne böse Stiefmutter hast und fang an zu heulen.
— Ich heul ja gar nicht, aber wenn du mich nicht mitnimmst, leg ich dich um.
— Na, mach man, ich kann dich nicht mitnehmen, sagt Berger, geht nicht, dreht ab, geht los. Tut mir leid.
— Ich erschieß dich, hört er sie rufen, sieht nicht zurück. Als es knallt, fühlt er, daß er getroffen ist, fällt hin. Als er wieder zu sich kommt, steht sie vor ihm, er sieht hoch an ihr, sieht, daß sie seine Pistole hat, auf ihn zielt.
— Nimmst du mich jetzt mit, fragt sie. Er setzt sich hin. Das war· nur gestreift, aber immerhin, die Wade blutet wie verrückt und die Hose ist kaputt.
— Hast 'n ganz schönes Glück gehabt, sagt sie.
Berger zieht sich hoch an ihr, da fallen sie beide hin, rappeln sich auf, humpeln zum Auto, er halb auf ihr.
Alles leer und öde , zugenagelt wie bei Camus. Der Wagen steht da ganz einsam, wo hundert sind im Sommer. Schließt auf, schwingt rein, sie auch, krempelt die Fetzen hoch, alles voll Blut.
— Du mußt da zur Bühne und die Pistole ins Meer schmeißen, vielleicht hat uns jemand gesehen.
— Fährst du dann ohne mich ab?
— Kannst ja den Schlüssel mitnehmen.
Wie klein sie ist und rund, hätte ihn fast umgelegt. Und auf der Bühne müssen die Steine glitschig sein, hoffentlich fällt sie nicht noch rein. Aber sie kommt getrollt, als wäre nichts los.
— Was ist denn jetzt mit dem Bein? Mußt du zum Arzt?
— Das geht ja wohl schlecht. Soll ich ihm vielleicht sagen, daß du mich umnieten wolltest oder wie? Der sieht doch, woher das kommt.
Das pocht und klopft. Berger hat den Lappen für die Windschutzscheibe drumgewickelt, der ist schon ganz rot. Verdammte Scheiße. Denkt an Winnetou. Schnaps muß da drauf, sonst gibt's Fieber, das ist klar. Fragt er sich, ob er wohl fahren kann. Muß gehen. Geht auch. Tut's weh? Ja, sagt Berger.
Sie sitzt da. Die sieht man echt kaum, woher die wohl kommt. Was die wohl jetzt denkt. Hotel geht mit der Kleinen nicht, nach Hamburg schaff ich's mit dem Bein nicht, denkt er. Erschießen ist auch vorbei. Nie wieder, klappt nicht, kann so nicht gehen. Da muß Schnaps drauf. Berger hält am Kiosk, der

hat noch auf. Will raus, klappt nicht, kann nicht gehen. Gibt ihr Geld. Laß dir mal nen Flachmann Korn geben. Und frag, wo der Bahnhof ist.
Dann:
— Hast du 'n Unterhemd an? — Ja, wieso?
— Komm, frag nicht so dumm rum, zieh's aus und wisch das Blut ab. Berger beißt die Zähne zusammen, aber das brennt mörderisch, bindet das Hemd drum.
— Der Bahnhof ist da vorne. Fahren wir mit der Eisenbahn?
— Ja. Berger kämpft sich aus dem Wagen, läßt sich von ihr ziehen. Ihm wird schwarz vor Augen. Aber irgendwie muß das gehen.
— Eineinhalb mal nach Hamburg.
— Sieben Mark fuffzig. Neumünster müssen Sie umsteigen.
Schleppt sich zu einer Bank. Sag, wenn der Zug kommt.
— Bleib hier stehen, sonst kommst du nachher nicht mehr hoch.
Mann, wann kommt der denn bloß, denkt er, wie das schwankt. Wenn ich umkippe, ist alles am Arsch.

Das ist nur so'n Schienenbus, wie der rüttelt und stößt, wie das schmerzt. Ihm ist übel. Sie sagt ja gar nichts, sieht der Landschaft zu, wie sie sich langweilt, Häuser verrammelt, daß der Wind nicht so pfeift. Alles grau und faulig, wie rostiger Stacheldraht ist, der da an modrigen Pfosten baumelt, quietschende Pumpenschwengel umgibt. (Wie das im einzelnen aussieht, kann man zum Beispiel bei Siegfried Lenz oder so nachlesen, der beschreibt das ganz flott.)
— Wir müssen raus.
— Nein, sagt er, ich kann nicht mehr. Geht nicht. Ich bleib hier sitzen. Aber sie zerrt und zieht, träte ihn gegen's Bein, wenn er nicht käme, er solle sich nicht so anstellen, könne sich aufstützen bei ihr.

Dann sind sie in Hamburg, schwankend hinkend zu den Taxen. Klein und gelb schleppt sie ihn, groß und schwarz. Der ist totenbleich, hat ihr Hemd um's Bein, die Haare zerzaust, Schweiß auf der Stirn, der rinnt.
— Dohlenweg sieben.
— Wollen Sie nicht lieber ins Krankenhaus?
— Ist nur ne Hautschürfung.
— Ihr Sohn?
Berger nickt, wie lange dauert das denn noch, zum Teufel, das

geht doch nicht mehr. Das muß doch bald sein, ist ja schon ganz dunkel, zum Teufel.
— Können Sie mir zur Tür helfen? Der trägt ihn fast.
— Schaffen Sie's jetzt alleine?
— Ja, danke, tschüß.
Schließt auf, zieht sich am Geländer hoch, schließt auf, macht Licht, sagt, wir sind da, schlägt der Länge nach hin. Kommt wieder zu sich, alles verschwommen, der ganze Kopf rast, das Bein. Sie hockt neben ihm und starrt ihn an.
— Du mußt dich ins Bett legen!
— Im Schrank ist Rum, bring den mal her.
Das gurgelt und peitscht durch die Gedärme. Ist aber gut für den Kopf. Berger kriecht zum Bett, ächzt, da muß 'n neuer Verband rum. Reiß mal was vom Laken ab. Als sie das Hemd losmacht, ist alles verschorft und verklebt, kippt noch mal Rum drauf, Sterne rasen, alles ist weg. Tot. Kommt wieder, ganz winzig und saust im leeren Raum, der ist so unendlich. Lauter Kugeln, die glänzen, prallen, die platzen und stieben, irgendwas fiept. Die Zunge quillt, füllt den Mund. Berger keucht. Schweiß tritt aus. Sieht, daß sie ihm die Stirn abwischt. Ja, das ist gut, das kühlt. Woher sie wohl ist. Der Wagen steht da ja noch, den muß jemand holen. Daß sie aber auch das Bein treffen mußte. Naja, hätte schlimmer kommen können. Da sind aber wieder die Kugeln und rasen, das Kleine fängt sich im Leeren und dreht. Das hat doch was mit zentripetal zu tun oder so. Das geht raus, wird größer und jagt. Wie das kommt, das erschlägt. Das fiebert, saust. Hab keine Angst, ich geh schon nicht ab, so schnell nicht. Das werden wir sehen! Absolut albern! Hat keinen Sinn. Nie wieder. Dickes Ei, genau ins Bein.

Berger wälzt und stöhnt und wühlt. Irgendwann wacht er auf, das ist schon ganz hell. Sie liegt an ihm, eingerollt, hat die gelbe Öljacke noch an. Ist höchstens sieben und schläft einfach so. Hätte ihn fast umgelegt, kommt mit, ausgerechnet zu ihm, schläft, eingerollt, an ihm. Hat die Öljacke noch an. Schlägt die Augen auf, als wäre das ganz normal.
— Geht's dir besser? fragt sie, schiebt ihre Locken ihm in die Achsel.
— Ja, sagt er, geht so, Fieber ist weg. Haste schlafen können? Hab ich um mich geschlagen?
— Nee, sagt sie, nicht so doll, nur manchmal.

— Hast du was gegessen?
Sie schüttelt den Kopf. Bist du böse auf mich?
— Ja, sagt Berger, und wie. Das ist ja wohl klar.
— Gehst du jetzt zur Polizei?

(c) Isolationisten-Press, Knast 75
c/o der Dunkeldieb und Eiermann von Limburg.

Noch ein Nachwort

Versuch bloß nichts an den Geschichten rumzuinterpretieren. Das geht bei meinen Geschichten nicht. Entweder versteht man da die ganze Stimmung und Situation, ohne zu überlegen oder nicht. Dann nie, wenn nicht gleich. Ich finde Geschichten, wo man erst ne Stunde knobeln muß, um dann vielleicht — aha! sagen zu können, beschissen! Darum haben meine Geschichten keinen tieferen Sinn. Also: das kleine Mädchen steht *nicht* für's Proletariat, das dem Intellektuellen in den Arsch tritt. Etwa nach Mao:

„...Mehr zur Zerstörung als zum Aufbau neigend, für den ihnen der Sinn fehlt, werden diese Menschen, sobald sie sich an der Revolution beteiligen, zur Quelle der Mentalität umherschweifender Rebellenhaufen und des Anarchismus. Folglich muß man sie umzuerziehen verstehen und vor ihrem Zerstörungsdrang auf der Hut sein.'

Solche Intentionen hat weder das kleine Mädchen noch gar ich. Ich schreibe eher so wie Pu der Bär: Immer, wenn mir gerade was angeflogen kommt. Den Schluß habe ich auch nicht aus künstlerischen Gründen offengelassen, obwohl sich das so gehört. Bei mir war das mehr so, daß ich nicht mehr wußte, wie das weitergehen sollte. Da hab ich mir gesagt: jetzt kommt Kunst: Schluß. Weißt du, *jeder* Roman hat ein happy end. Manche Autoren schreiben — der Tiefe wegen — danach nur noch ein paar Kapitel, bis alles tragisch ist. Ist alles nur ne Frage von Anfang und Ende, wo man die setzt. Moral: Wie im Leben.

Rigoberts des Tollen Coup

Rigobert, der Tolle, trollte die Straße hinab, wo sie steil war. Hände in den Taschen, Taschen im Mantel, der offen. Rechts die Volksbank, links der Zigarettenautomat mit dem Sprung in der Drahtglasscheibe. Und überall Autos, die parkten, das Steuerrad eingeschlagen, die Handbremse gehievt. Manche hatten Wimpel, Kissen uns sonstwas hinten drin. Das sah man ganz genau.

Rigobert ging jeden Abend durch die paar Straßen, einmal kreuz durch das Dorf, oben am Friedhof, unten die Schnellstrasse, wo Scheinwerfer huschten und Esso. Das mit Servicenter, Rallye-Plakaten und allerhand flatterndem Bunten von Werbung. Manche blendeten ab, wenn sie das Ausfahrtschild sahen, weil sie dachten, es käme ein Ort oder so. Manche fuhren auch Hunde oder Karnickel zu Brei. Je nach dem Stand der Sonne. Alte Leute dagegen recht selten, weil die mehr oben waren, da wo der Friedhof, na klar.

Rigobert wußte, daß sie aus den Ritzen lugten, in dunklen Stuben hockten, ihn sahen, Geschichten spannen, Orgien erdächten, die wären, und so. Einmal waren paar Wildies mit ihren anarchistischen Mädchen bei ihm gewesen, hatten drei Tage gezecht, Pamphlete verfaßt, Transparente gemalt und auch herumgeturnt. Da hatten sie den Alten von drüben, der wo Schlachter ist, erwischt, als er Dinge zu erspähen suchte und Vorgänge. Den hatten sie dann durchs Dorf gejagt, hatten geschrien, Exhibitionist, Voyeur, Rentner-Satyr und vielerlei Griechisches, was der nicht verstand. Aber wie der rannte, regelrecht wetzte wie sonst sein Messer, für Schweinedarm, das war schon was. Und sie immer hinter ihm her, mit wehenden Mänteln, Hüten, bärtig erhaben. Ihm drohten, ihn aufzuschlitzen, zu knebeln und binden. Der Schlachter im Gekeuch verschwand bei Martha im Blauen Hecht. Hätte sehr gezittert, Schweiß auf der Stirn und Angst.

Rigobert, der ja der Tolle und alles rädelte, schwenkte Dietlinde und brüllte wie Zeus, als der die Io nahm, sie hätten gesiegt.

Das aber war alles vorbei. Die Wildies kamen recht selten, der Weg war zu weit, Rigobert mürrisch. Der saß da und soff, robbte zur Stadt hin und wieder, gleich Baal. Es wäre wegen Petronilla, er hätte da viel zu kompensieren. Er brauchte jetzt mal relax. Nicht, daß er so traure, ist ihre Schuld, wenn ich kaputtgeh und so, nee, das nicht. Nur mal relax. Überhaupt, er mache ihr keinen Vorwurf; er könne sie gut verstehen, das Ganze sei aber irrelevant, ginge keinen was an. Solange das Stipendium noch liefe, wäre ihm alles egal.

Na, Rigobert ging die Straße runter, sah unten schon Esso, rechts die Volksbank. Dann scharf eingeschwenkt, und die Stiefel hört man das Pflaster schlagen. Charles Bronson-Memory, sie stand da drauf.

Um diese Zeit waren die Straßen leer, weil Fernsehen lief, Kinder im Bett. Das ist so, da wo die Äcker pflügen und Rüben hacken. Natürlich sind die auch in den Schänken beim Bier, aber nicht auf der Straße. Darum ging es immer abends, wenn Dorfbuben und Greise, Frauen, sich Neues vom andern erzählen.

Danach dann meistens in die Stadt, oder er schrieb Sachen, die er wegschmiß, die er besoff, bei Stones oder so, alte Platten, Oldies, nech.

Außerdem gab es eine Music-Hall, so geheißen. Da standen oft Mopeds, junge Burschen aus anderen Orten, Fußballer, Friseusen wie Knechte. Genauer hatte er das nie beschaut, nur manchmal so im vorbei.

Heute ging er mal rein, dachte, das könne nichts schaden, war sehr überrascht. Das war ein riesiges Ding. Zweigeteilt, sogar mit Billardtisch. Aber fast leer, bis auf ein paar Buben, die lässig kickerten, wo Mädchen flachbrüstig, jung, kiecherten. Hinterm Tresen, Nägel und Zapfsäule polierend, rothaarig, grünäugig, vielleicht auch nur wegen dem Licht, die Keeperin. Die war gar nicht schlecht. Auch nicht so ne Magd vom Dorf.

Wie Rigobert da steht, den Schnurrbart streckt und schaut, sieht sie auf, spöttisch. Oho, was er denn hier wolle, er käme doch etwa nicht im Ernst.

Ob sie ihn kenne, wollte er wissen, er hätte sie noch nie gesehen, echt was verpaßt. Außerdem Cola-Pernod. Das hätten sie nicht, auch wisse er wohl, daß jeder hier ihn kennte, von ihm spräche, was er doch bezwecke. Rigobert schiebt sich ran an den Tresen, rauf auf den Hocker, beugt sich rüber, dann plötzlich ganz laut: Fräulein, was haben Sie denn — gedehnt das -e-, gehackt — zu trinken?! Er wäre wohl nicht mehr ganz dicht, er könne sich das sparen, bei ihr zöge das nicht. Alles hätten sie, nur nicht Pernod. Dann eben Bacardi, das sei doch wohl klar, schiebt sich vom Hocker, geht zur Musikbox, schmeißt Märker rein, drückt die Tasten wie wild. Warum denn kein Sound wäre, brüllt er, hämmert die Tasten, kein Sound. Er müsse den Stekker hinten links reinstecken, dann ginge das schon, das sähe man doch.

Das könne er nicht, er wäre Student, nicht Techniker. Es wäre ihr Job; auch müsse sie so rumkommen, sich bücken, daß er ihre Schenkel begutachten könne. Er hätte dann seinen Spaß. Sie bittet die Buben, die das auch machen, Waterloo ertönen lassen und andere Hits.

Er schluckt den Bacardi ab, sagt, sie möge ihn wohl nicht. Das hätte er ganz schlau bemerkt, die Jungs hier im Dorf wären ihr lieber, selbst wenn sie Witze erzählten oder Lieder gröhlten. Das nach Siegen, da kämen sie immer vorbei. Auch jetzt wird es voller. Alles geseift und altbacken gepoppt. T-shirts mit den Stars and Stripes, Mädchen in Röcken, das sieht man sonst selten. Rigobert immer Bacardi, an die Wand gelehnt, den Hut in die Stirn.

Da sind sie alle von hier und anderswoher, Lohntüten über Ärsche gespannt, reden von Eintracht gegen OFC, und einer, daß er fast einen Unfall hätte gehabt. Kicker und Qualm, Gebimmel vom Flipper. Sie hinterm Tresen voll in Action mit Bier und Korn. Die Haare, rot und gedrillt hinter die Ohren, Lidschatten. Bißchen verschwitzt irgendwie. Rigobert denkt sich, wenn er einfach so tränke, würde das nichts. Schiebt sich durch, trotz Hitze verhüllt. Schlenkert zum Billard, sieht zu, wie die stößeln.

Fragt, ob er auch mal dürfe, hätte Bock. Einer macht Platz, gibt ihm den Stock. Viele gucken, wie er das bringt. Er müsse vorher mal ditschen, dann ginge ein Match. Er haut wie der Irre, immer daneben, die lachen. Wer denn um ein Bier. Einer sagt, gut. Rigoberts Bluff. Kreidet mit Sorgfalt, alles sieht zu.

Der andere ist schwach, hat kein Gefühl. Er dreht die Stöße, schneidet sie an, stellt sich seitwärts, schiebt die Queu zwischen Mantelschößen am Kreuz vorbei, legt auf, Kugeln schlagen sich, rollen, verschwinden in Ecken, plumpsen weg. Er hat da was drauf, heischt Ohs und Ahs, Applaus.

Das sei ihm aber zu anstrengend, er wolle nicht mehr, das Bier verzichte er, schiebt sich durch, wieder hin an den Tresen. Lehnt an der Wand, Bacardi und Cola, halb und halb.

Einer sitzt neben ihm, schon ziemlich weg vom Ball, der sieht nicht so munter mehr aus.
Rigobert wittert die Chance. Na, sagt er, ist was schief? Sieht sie dabei nicht an. Der, ja, da wäre viel schief. Eigentlich alles. Er hätte mit welchen Haschisch geraucht von nem GI, das hätte sein Alter gemerkt, jetzt sitze er draußen, der holte glatt noch die Polizei.
Arm sieht der Junge aus, und zerstört. Mit roten Augen, voll schon das Lall in der Zunge, das Leben sei aus und vorbei.
Sie sagt, laß doch den Freddy in Ruhe. Freddy will aber reden, alles erzählen, wie schlimm das sei. Rigobert sagt, er verstünde ihn gut. Hast du ne Frau? Ja, sagt Freddy, ja schon, die wohne aber auch bei ihren Eltern, da könne er jetzt nicht hin, das ginge nicht; die wüßten sicher schon Bescheid. Und überhaupt, sie seien noch nicht mal verlobt, sie wäre erst siebzehn.
Er schiebt ihr sein Glas hin, mach mal was rin, laut, daß sie's hört. Also wohnen kannst du erstmal bei mir, Platz hab ich genug, was? Der stiert auf. Grinst verzerrt, echt? Ja klar, sagt Rigobert, ist doch logisch, sie sieht mich an. Schlucken wir mal nen Kleinen drauf ab, morgen geht das alles schon besser.
Der wird plötzlich ganz blaß, will raus, zur Tür, torkelt, wird gestützt, übergibt sich noch im Raum, kotzt konvulvisch Wurstreste, Schleim aus und Bier. Würgt und röchelt, will liegen. Alles schaut, da ist was los, schleifen ihn weg, einer hilft, die Straße runter zu ihm. Fast sind sie da, als der schon wieder zu würgen beginnt, Rigoberts Mantel beschmutzt. Der flucht. Dann schmeißen sie ihn auf 'n paar Zeitungen ins Badezimmer, reißen die Fenster auf, schon daß er schnarcht, gehen zurück zum Lokal.
Der andere sagt, Freddy wäre ganz schön hin. Irgendwie schon, sagt er, das kam ganz auf'n Mal, schwupp war er weg. Das gibt's, sagt der.
Als sie retour, sind fast alle weg, sowas turnt ab. Er bittet sie um ein Lappen oder was wegen dem Mantel, den habe er eben zu reinigen vergessen. Darf hinter'n Tresen, sie wischt.
Sie würde jetzt schließen, sagt sie, hätte auch keine Lust mehr, außerdem stänke es eh. Er bleibt, sieht zu, wie sie Flaschen wegräumt, Gläser spült, den Tresen putzt, fegt. Was sie jetzt mache, und er? Er dächte, es wäre ganz gut, was zu trinken, es wäre draußen recht warm, sie könnten ja ne Flasche nehmen, Picknick machen und so.

Okay, sagt sie, schließt ab, hängt sich ein.
An der Böschung, wo der Wald dann kommt, legt er den Mantel hin, breitet sich aus, raucht Zigaretten an, steckt sie ihr in den Mund, sich. Trinkt Rum, sie. Weißt du, sagt sie, das ist alles eine ganz schöne Scheiße. Das mit der Kneipe? Nein, die nicht, jedenfalls weniger, die mache sie nur einmal wöchentlich; nein, überhaupt, hier so im Dorf und so. Was sie denn hier mache. Naja, an sich arbeite sie in der Stadt, da zu wohnen sei aber auch nichts, koste nur Geld. Hätte sie gemacht, rumgebumst und so, wär aber nichts. Hier sei es immer noch besser. Er nimmt sie in die Arme, sie preßt sich ihm an, stöhnt ein bißchen, als er zärtlich feuchte Tiefen umspielt, Kleider abstreift, gereckte Brüste beküßt. Es gibt keinen Ärger mit ihr. Ihm wird nur ein bißchen schwindelig. Das kommt von dem Rum. Dann rutscht er da ziemlich wild auf ihr rum, in sie rein und so. Geht alles reichlich schnell vorbei. War aber schön. Sie lächelt, hält ihn umarmt, er solle noch nicht raus, ob er so an die Zigaretten rankäme. Das klappt. Sogar an den Rum. Er hätte sie sehr lieb. Sie könne ja mit ihm woanders hin. Das sagt man dann so. Ihr ist das einerlei. Nach Berlin oder so.
Dann ist er wieder da, glitscht noch eine Weile apathisch hin und her, bis sie meint, es wäre besser im Bett. Ob sie zu ihm könnten, bei ihr ginge das nicht, oder ob da der Freddy. Nee, den hätte er im Badezimmer, falls der nochmal.
Als sie an der Bürgermeisterei vorbei, sagt er, er wolle ihr das Wappen schenken, da sei er schon lange scharf drauf. Das sei zu hoch. Ach was, das sei kein Problem. Er hoch am Fenster, Balkon und so, auf's Dach. Plötzlich knallen Schindeln schiefrig runter. Mords Geschepper. Rigobert taumelt, rutscht, hängt an der Dachrinne. Jemand reißt das Fenster auf, schreit: Einbrecher, Hilfe! Sieht Rigobert, der da hängt, gleich über ihm. Der biegt sich durch, samt Rinne, die ist nicht so fest. Der Mann, der da kreischt, beschlafanzugt, beugt sich raus, versucht, ihn am Bein zu fassen, was auch gelingt. Sie zittert vor Aufregung, auch ist ihr jetzt kalt. Rigobert der Tolle rudert mit den Beinen, versucht zu hangeln, packt den Träger, der reißt aus der Mauer, Putz rieselt. Rigobert fällt runter, stürzt ab, genau aufs Gebäude. Natürlich ist er tot, und sie weint.

Fischgeschmack
eine impressionistische Desillusion

„Dieses Scheiß-Schottland, diese verdammte Scheiße!" schrie Berger. Berger schleppte und schwitzte. Rechts Heidekraut und Steine, links das Loch, unten die Straße, oder wie die das nennen. Jedenfalls ist sie mehr oder weniger asphaltiert, knapp breit genug für einen Rover.

Oben scheint die Sonne, das ist nicht normal, sonst scheint die Sonne hier nie. Nur jetzt, wo Berger den Rucksack schleppt, diese Tasche mit all dem Kram, den man nicht braucht, zumindest nicht, wenn die Sonne scheint und rechts Heidekraut ist und Steine. Fünfzehn Meilen, haben die gesagt, die Ärsche. Sicher sind es hundert oder tausend oder ne Million. Wer weiß denn überhaupt, was die hier für Meilen haben, diese Irren, womöglich Spezialmeilen. Und überhaupt, was das wohl für ein Beknackter war, der die Straße gebaut hat, alter Freund, immer rauf und runter. Das ist doch Wahnsinn.

Berger faßt unter die Riemen des Rucksacks, zieht ihn vor, trabt weiter, die schneiden enorm. Der kommt ja auch aus der Ostzone, nicht mal anständige Rucksäcke können die machen, diese Bolschis. Wirklich das Letzte. Da müßten natürlich Polster drunter und so, das weiß doch jeder.

„Scheiß-Schottland, dieses Scheiß-Schottland!' schreit Berger. Die ganzen Füße sind schon hin, die könnte man glatt wegschmeißen. Und das mit den Cordschuhen war übrigens auch nicht so gut. Scheiß Amis, möchte mal wissen, ob die in Vietnam auch in Kordschuhen durch die Gegend gestapft sind. Sowas Irres. Cordschuhe für ne Wanderung! Und dann noch diese Hitze. Außerdem sind die Haare ganz fettig und hängen in Strähnen. Gut ist das ja nicht. Letztens war der Seifenschaum schon ganz schwarz vom Blei und den Abgasen. Das hat man nun davon. Fehlt nur noch, daß Bayern kommen und jodeln. Aber ne Würstchenbude könnte da mal stehen. Das wäre jedenfalls gut, auch wenn man von Cola impotent wird und Magengeschwüre bekommt. Mußt mal Fleisch in Cola legen, das zieht echt nur so weg, Mann. Trotzdem wäre ne Würstchenbude nicht schlecht.

Vorne links, ganz weit hinten auf der anderen Seite des Sees, kann man ein Haus sehen; das wird's wohl sein. Ist zwar noch weit, aber immerhin. Berger nimmt den Rucksack ab, legt sich ins Gras, trinkt erstmal was. Der Whisky, den er für die Kälte reingefüllt hat, für die Nässe, schmeckt allerdings schlapp und lau. Überhaupt widerlich, lockt Bienen an und solche Tiere. Berger macht sich ne Players an, aber in der Sonne schmecken Zigaretten nicht. Das ist absolut ein Märchen, von wegen in die Sonne blinzeln und Pfeife schmauchen. Scheiße! Wozu die überhaupt die Straße gebaut haben, fährt ja doch nie einer lang. Möchte echt mal wissen, wie die über das Loch kommen. Wehe, wenn das die falsche Straße ist, dann hau ich dem aber eins in die Fresse, der mir das sagt, kannst du Gift drauf nehmen.

Dann rappelt er sich hoch, und alles tut weh. Man muß vor allem erstmal in Gang kommen, dann wird es schon gehen. Die Füße sind sicher blutig. Bestimmt ist die ganze Haut ab. Alles rohes Fleisch mit Wasserblasen, und dazwischen lugt der Knochen vor. Wetten? Genauso der Rücken, Schorf und Eiter. Langsam wird ihm übel und schwindelig. Das kommt vom Whisky und der Hitze und diesen Steinen, da gibt es keinen Zweifel.

Irgendwann kommt dann das Schild „Ferry" und darunter, auf Pappe: Garry Dummand. Naja, denkt Berger, das ist ja wenigstens was, schwenkt ein, hinkt den Pfad runter zum Wasser, mitten durch lauter Farnkraut, alles ist da glitschig. Natürlich rutscht er aus und fällt in den Morast. Vielleicht ist das ein Sumpf, der einen wegsaugt, wo man nicht mehr rauskommt. So was gibt's. Berger bleibt deshalb erstmal lieber liegen. Das ist nämlich gut in solchen Fällen. Man muß da vor allem das Gewicht verlagern, sonst ist man gleich weg. Hoffentlich kommt kein Ungeheuer. Miss Nessie oder so. Kommt aber nicht. Überhaupt ist das gar kein Sumpf, sondern mehr eine Pfütze mit Matsch. Hingegen, Vorsicht kann nie schaden. Berger steht auf und fällt gleich wieder hin. „Scheiß-Schottland", brüllt Berger und macht sich ne Players an. Wenn man mit einem Rucksack auf dem Rücken und einer Tasche in der Hand im Matsch sitzt, schmecken Zigaretten aber auch nicht, obgleich es hier nicht ganz so heiß ist. Dafür gibt es Sumpffliegen. Tse-Tse-Fliegen und alles. Absolut mörderisch. Die sind jedenfalls allesamt scharf auf Blut, lechzen gewissermaßen danach. Berger fragt sich, wovon die wohl leben, wenn er gerade nicht da sitzt und sie abfüttert. Naja, manche spenden Blut für Angola, ist ja letztlich ganz egal.

Dann keucht er wieder hoch, stapft runter zum Wasser. Da ist so ne Art Bucht mit so ner Art Steg. Der ist aber wahrscheinlich noch von Bonnie Prince Charly, total verfault und modrig, außerdem ist das Loch einen Kilometer breit ungefähr, die können ihn gar nicht sehen von drüben. Völlig witzlos zu winken. Und wenn nun das Ungeheuer kommt? Tja, Berger, dann guckste in die Röhre.

Drüben bewegt sich aber was, und Berger springt herum, brüllt, zündet sein Taschentuch an, schwenkt es. Ha, das haut hin. Jemand hat ihn offenbar gesehen, denn schließlich kommt wahrhaftig was gerudert. Das dauert unendlich lange, das ist ein Bursche in Gummistiefeln, der legt an, starrt ihm ins Gesicht, sagt gar nichts. Dann, ob er der deutsche Student wäre. Berger nickt da nur, weil ihm nichts Markantes einfällt, steigt in den Kahn, in dem unten Wasser blubbert, und sieht zu, wie der rudert. Ob er wegen des Monsters hergekommen sei, schreit der über die Schulter. Einmal sei ein amerikanischer Student mit rosanen Hosen dagewesen, der hätte das Monster sehen wollen.

Das Haus ist grau und bäurisch, roh gesteint, wie die Häuser hier sind. Einstöckig, aber ausladend mit Ställen, viel daran geflickt, Schuppen angeheftet, Verschläge. Überall sind Fensterläden aus dickem, verwittertem Holz, unten die Steine mit dem Anflug von Moos. Das sind die feuchten Ritzen, die sich mit dem Nebel bilden, der sie nie verläßt, der darin haust, kariesähnlich. Das ist aber nicht wackelig morsch, hier sind die Felsen dick, hier schwankt nichts, das ist stabil, da kann das Wetter jahrhundertelang fressen, das kippt nicht um.

Das Haus ist weit wie breit einsam, das Land ist flach, steigt aber hinten hügelig weg. Da weiden Schafe auf holpriger Wiese, da liegen Steine herum und Felsbrocken. Bäume gibt es hier nicht, keine Sträucher. Manche Geränke von Beeren kriechen – eingekrallt – umher, so fest, daß kein Sturm sie wegreissen, abfetzen könnte, aber viel ist das nicht, nur gut, um die karge Erde zu halten, die sonst wohl verflöge.

Jetzt ist es aber heiß. Jetzt peitscht da kein Sturm, kein Nebel sinkt oder so. Nur noch die Ritzen im Stein sind naß. Jetzt wird es drückend. Gerade wo das Loch ist – und Mücken. Gestech steht sirrend in der Schwüle, so daß Libellen grinsen, Mordorgien geilen und überhaupt alles frißt. Aber das ist nun mal so, das ist die Not des Getiers. Und das gibt keinen Grund für feiste Männer, hämisch die Hände zu reiben.

Berger steigt aus dem Kahn. Von oben, vom Hang, der da steigt, kommt ein Wildwasser mit Geröll in den See; diese Wasser sind klar, aber kalt. Das sieht aus, als sprängen Forellen jagend hinab, es ist aber nur das Wasser, das spritzt.

Der Bach, der immerzu Schottersteiene anrollt, springt hier etwa drei Meter breit, man muß da von Felsen zu Felsen steigen. „Take care" ruft der Bursche, derweilen er das Boot anzurrt. Die Steine sind glitschig, und das Wasser ist furchtbar laut, fast wie Brandung so laut, nur kein Getöse, so nun auch wieder nicht.

Aus dem Haus, das flacher wirkt, weil es unbeschwellt ist und ohne Keller, kommt der Mann mit Kniehosen und Wollpullover. Der hat ein wittriges Gesicht mit hohlen Wangen, wie man so sagt, ist aber noch jung. Anfang dreißig vielleicht. Der streckt ihm die Hand hin, sagt „willkommen in House Dummond". Berger stutzt, das sagt der auf deutsch. „You speak German?" — „No, boy, nur ein paar Worte, weil ich war ein halbes Jahr in Luneburg stationiert, hab aufgepaßt, daß ihr keinen Krieg macht" und lacht.

Die Leute haben massenhaft Kinder, die sind noch ganz klein, der Bursche, der ihn holte, sei fünfzehn, das wäre der Älteste. Alle mit geflickten Jeans, Gummistiefeln und selbstgestrickten Pullovern. Die tummeln und schreien allerlei, was er nicht versteht. Stark, daß die so gut englisch können. Natürlich ist das klar, trotzdem aber ein Ding.

Es gäbe bald Essen, ob er vorher noch duschen wolle. „Ja", sagt Berger, das wäre gut, das müsse sein, er klebe förmlich. Schweiß tröffe. Es sei ja nicht gerade nah hier raus. „Nein", sagt der Mann, das sei es nicht, er führe immer mit dem Boot die ganzen Lochs runter nach Kirkfine, zu laufen sei das in der Tat recht weit.

Die Dusche, die Berger ersehnt, entspricht allerdings nicht seinen aaligen Träumen. Das ist ein Eimer. In den Eimer rinnt Wasser vom Bach. Das sei die langsame Stufe, die sanfte, zum einseifen, erklärt der ihm, dann könne man hier an der Leine kräftig ziehen und wäre auf einen Schlag absolut naß und abgespült. Das glaubt Berger sofort. Fröstelnd in Erwartung des Gusses rollt Berger seine Sachen ab, löst Strümpfe zaghaft vom

Fleisch. Er fühlt, daß er stinkt. Das treibt ihn vor, auf zwei Fuß ran an das Plätschern. Testet die Temperatur mit dem Zeh: Frost. Fast Eis. Berger erschauert. Showder nennt man den Apparat. Verdammt, denkt Berger, das ist ja ganz schön kühl. Zagend füllt er die hohle Hand mit Wasser, beginnt, käsige Gänsehaut zu netzen. So geht das nicht. Springt tollkühn in den Strahl, reißt an der Leine, verliert die Luft, klappert und zittert, wäscht wie der Teufel mit Seife herum, zieht erneut, das Herz bleibt stehen. Bleibt aber nicht. Trocknet sich ab, merkt wohliges Brennen auf der Haut, ist ganz rot. Holla, denkt er, so schlecht ist das eigentlich nicht, nur, denk dir, im Winter. Das ist ja Mord! Pest und Cholera, das ist Mord.

Berger merkt, daß er noch lebt, fühlt sich ganz neu. Dolles Ding. Geht zurück ins Wohnzimmer, wo der Kamin steht, die Kinder sich balgend wälzen. Die Eltern sieht man nirgendwo, da ist jetzt ein Mädchen, die mag wohl zwanzig sein, hat die Haare straff nach hinten gebunden, steckt in riesigen Sachen. Zehn Nummern zu groß oder so. „Hey", sagt sie, mustert ihn scharf. Ob sie die Magd wäre, fragt er. Nein, so was gäbe es hier nicht. Sie sei, nun nebst ihm, der einzige Gast. Jedenfalls seit die Amerikaner weg wären. Woher er denn käme. Aus Hamburg, und sie? Aus der Normandie, daher.

Sie hat schmale Lippen, überhaupt strenge Züge, aber fein. Schlanke Figur und so. Da ist nichts Sinnliches, was reizte, Lüste schwellen ließe. Überhaupt ist sie so klein und irgendwie reichlich mager, wiewohl man das nur ahnen kann, weil der Pullover und die Hose so schlappen. Stiefel die Beine umgeben. Warum die hier wohl alle Stiefel anhaben. Vielleicht ist das Mode. Ohnedies scheint sie kurzsichtig zu sein. Jedenfalls sind die Augen etwas gekniffen und hart, aber braun, mit nur ganz leicht geschwungenen Brauen, fast sind sie gerade. Sonst ist sie blaß, aber nicht irgendwie krank. Das ist die Haut, die ein bißchen schimmert, unter der man Adern und solche Schläuche mit Blut erahnt. Als er sie ansieht, verzieht sie die Mundwinkel.

Das Zimmer für Berger fällt auf das Loch. Da reflektiert Wasser. Da riecht man das Zittern vom See. Eigentlich ist es mehr eine Kammer mit Feldbett, Schränkchen und Tisch. Aber die Wände sind weiß gekalkt. Klosterweiß und roh verputzt. Ob die hier die Steine selber schlugen? Dieses Wasser ist gut. Hell und klar. Das leuchtet von unten rauf, und wenn man darüber hinwegsieht, ist es silbern. Man muß da schwimmen, Kiesel starren und so.

Berger schmeißt seine Sachen aufs Bett, geht zurück ins Wohnzimmer. Die Kinder sind weg. Da ist keiner mehr. Das Zimmer ist groß und niedrig mit Holzbalken, nur die Wände sind Stein. Einige Sessel haben sie da stehen, aus denen die Federn schon sperren, die man ziemlich abgewetzt hat, aber die sind breit und bequem, insgesamt vier. Zwei vor dem Kamin, einer rechts, einer links, das ist so üblich.

Der Besitzer heißt Flint. Der kommt rein, sagt, es würde ein Gewitter geben, wie es ihm hier gefiele. „Just a moment", sagt Berger, geht rüber, holt eine Flasche, Zigaretten, die hat er extra mitgeschleppt, das haben sie ihm in Glasgow gesagt. Als er sie Flint gibt, sieht er, daß der enorme Hände hat. Groß und knochig. Die Knöchel springen vor, als triebe er Karate. Man kann sagen, das seien Bauernhände weil das ein heißes Thema ist, das immer gefällt. Flint sagt, das wäre nett von ihm und hat Fältchen an den Augen. Blaue Augen oder grau. Das sei jetzt aber zu schade, ohne besonderen Anlaß, er hätte noch selbstgebrannten, davon sollten sie jetzt lieber einen Schluck nehmen.

Den Whisky, den er bringt, in einer Gallone anschleppt, mit der man ein Dorf schaffen könnte, machten sie mit den Nachbarn zusammen. Die Steuern wären zu hoch. Den echten könnten sie nicht bezahlen, das ginge nicht. Sie trinken aus Bechern. Berger hat sofort ein brennendes Gefühl in der Kehle, Mann, wie das peitscht, das ist ein Zeug, das betäubt. „Something wrong, boy?" grinst Flint, als Berger hustet, ihm die Augen aus dem Kopf treten, Tränen durch die Wimpern quellen. „Nein", sagt Berger, das wäre schon gut, er sei nur so erschrocken gewesen, weil das ziemlich anders schmeckt als sonst. „Ja, der Whisky, den wir machen, der ist schon gut. Wir machen hier übrigens fast alles selbst."

Dann wird es schwarz. Das geht wahnsinnig schnell. Soweit man sieht, ist alles schwarz und geballt, Tropfen fallen, prasseln, schlagen und Blitzgezuck, Donnerknall, aber kein Grollen. Der Donner knallt. Flint sagt, er müsse in die Küche zu den Kindern, die hätten sicher Angst.

Berger sieht den See, hinten wetterleuchtet es, oder das sind nur die Blitze, die pausenlos hitzen, die durch die Wolken reißen, den See aufgleißen lassen.

„Na, willst du das Monster sehen?" —„Da kann man Angst bekommen, was?" Sie sagt nichts mehr, da kann man auch nichts sagen, wenn der ganze Himmel rast und kracht. Und das stimmt jetzt auch, daß Wellen sich schlagen und schießen. „Ein Glück, daß das nicht da ist, wo ich da marschiere. Da kann man sterben. Ertrinken oder vom Blitz getroffen werden, nicht?" — „Klar", sagt sie, das könnte schon passieren. Kein Zweifel. „Wie heißt du eigentlich?" — „Wolfgang". Sie findet das komisch und spricht es mit einem -u-, wo es -o- heißt. Das wäre ein lächerlicher Name. Sie würde ihn Wully nennen. Nein, darum bäte er sie, das nicht zu tun. Er fände Abkürzungen scheußlich, sie könne sich ja etwas anderes ausdenken. Aber sie besteht darauf. „Weißt du, Wully ist ganz entzückend, das steht dir auch gut. Ich heiße übrigens Claudine. Das ist ein sehr schöner Name." So, fände sie das. Nein, das fände sie nicht, das wäre so. Na gut, Berger will sich da nicht streiten, überhaupt ist er nicht hergekommen, um sich zu streiten. Draußen ist es jetzt ein richtiges Wetterleuchten geworden, allerdings weiter weg. Auch der Donner ist allgemeiner zerflacht. Es ist aber immer noch so dunkel und Sturm und das. Als er einen Schluck Whisky nimmt und sich schüttelt, fragt sie ihn, ob er den tränke, um männlich zu wirken. „Nein", sagt Berger und macht sich eine Zigarette an, die leuchtet, weil das nämlich glimmt, wenn er dran zieht. „Willst du auch eine?" Es wäre schrecklich, wenn man Stimulanzien brauche. Ihr sei das zuwider.

Langsam wird Berger wütend. „Hör mal, ich wollte nicht wissen, ob du Rauchen schön findest, sondern ob du ne Zigarette haben wolltest." — „Bist du immer so aggressiv?" fragt sie. Sie sagt das einfach so, es ist zu dunkel, um ihr Gesicht dabei zu sehen. Berger setzt sich in einen Sessel. Sie steht am Fenster. Und das ist hier alles so anders, das ist alles ganz anders hier.

Als er aufwacht, scheint die Sonne schon und Geschrei ertönt, Lärm. Er fühlt sich reichlich zerschlagen. Wer schläft denn im Sessel. Die Füße tun ihm jetzt auch wieder weh. Der Raum ist unheimlich kahl, aber irgendwie nicht ungemütlich. Schmuck wie Bilder haben die hier nicht. Einen verrutschten Flickenteppich. Die eine Tür geht zum Eßzimmer, die andere raus zu seinem. Neben dem Kamin stapeln Torf-Schollen. Ein Kanister rosanen Paraphins. Sonst gibt es nur noch die riesige Truhe, die ächzt, einer Seekiste ähnelt, gut ist für Walfischfang und der-

gleichen. Vielleicht ist es gemütlich, weil die Decke niedrig ist und roh.
Im Eßzimmer steht ein eichener Tisch mit kaputten Stühlen, sonst nichts. Jemand hat wohl das Frühstück gemacht, jedenfalls steht da Milch, Brot und Butter. Das Brot ist hier dunkel und weich wie Nußtorte. Aber die Kruste ist halbwegs verbrannt, stark wie Lava. Da braucht man Eberzähne, um das zu reißen. Die Butter ist übersalzen, und die Milch schmeckt ekelhaft vor Fett. Frisch von der Kuh, lecker, lecker. Damit kann man Kalkuttas Kinder päppeln, trinken kann man das nicht. Wieso gibt's denn nicht mal Tee, he?
Claudine kommt rein und schneidet Brot ab, faustdick, lappt Butter drüber. Schlägt ihre Zähne rein, kleine graue Mauszähne. Sieht ihn an, „ausgeschlafen?" — „Und du?" — „Ich hab die Kühe gemolken." — „So", sagt Berger, „kannst du das also." Man traut ihr das eigentlich nicht zu. Er hat zwar noch nie Kühe gemolken, aber an sich ist das doch ein Job für Cowboys. Männer mit dicken Muskeln. Er verstände wohl nichts von Landwirtschaft. „Doch", sagt Berger, natürlich verstände er was von Landwirtschaft. Zum Beispiel hat er schon mal ne Bohne im Biologie-Unterricht gezüchtet, aber ihm fällt nicht ein, was Bohne auf englisch heißt, darum sagt er es nicht.
„Kommst du mit reiten?", fragt sie. „Die haben hier Doppelponies. Shetland-Ponies." Auch wäre die Gegend zum Reiten. Er hätte jetzt keine Lust, das wäre zu anstrengend. Sicher könne er überhaupt nicht reiten, er würde halt lieber laufen, sie könne ja reiten, wenn sie wolle, was es sie eigentlich anginge, ob er ritte oder nicht.
Eigentlich weiß er nicht genau, was er von ihr halten soll, man könnte sagen, daß sie irgendwie sonderbar ist. Dann schlenkert er rüber, bindet sich die Feldflasche um, kämmt sich den Bart, breitet den Rucksack aus. Viel Papier hat er mitgenommen, viele Zigaretten und Jacken, Pullover. Hier wäre es immer kalt, hier regnete es immer, sei Sturm und Nebel. Heute aber nicht. Heute ist es warm. Mit dem Block winkt er Frau Flint, die Brot backt. Totale Idylle. Das Leben auf dem Lande, Berger im Freien, Hühner gackern und all so'n Vieh, runter zum Loch machen die Kinder wilde Spiele. Das ist der Friede, die Ruhe. Zurück zur Natur. Genosse, rauf auf'n Berg, bestell deine Acker, kack ihn selber voll, das ist gut Dung, da wachsen

Kohlsorten. Aha, Mr. Flint steht auf dem See, fischt. Natürlich, muß ja so sein.
 Berger möchte sich dehnen und strecken, schreien und losstürmen, Brüder zur Freiheit, zum Licht und zur Sonne. Allerdings stapft er mehr so am Bach hoch. Das geht hier wellig bergauf. Das Wasser kommt sicher von ewig, na, fließt ja auch so. Außerdem ist es sauber und kalt, glitzert und sprudelt. Dann kommt Claudine angeritten, „Hallo, Wully, d'ye like walking?" — „Fuck you." Ihm geht das langsam auf die Nerven. Wenn sie nicht überall hier rumspränge, wäre es wirklich verdammt schön, denkt er sich so. Er setzt sich hin, tut so, als wollte er was schreiben. Aber es ist keine Situation. Irgendwie ist das überhaupt keine Situation zu was. Außerdem hat er Mückenstiche an den Beinen, die jucken. Sie steigt ab und setzt sich neben ihn. „Dein Pferd haut ab." — „Das geht schon von alleine zurück, wo soll es denn hin, außerdem ist alles eingezäunt." — „Eingezäunt?" — „Ja, aber ganz weit, nur damit die Kühe und Schafe sich nicht verlaufen."
 Berger stochert im Wasser zwischen den Kieseln rum, kratzt sich die Wade blutig. Sie legt sich zurück, verschränkt die Arme unter dem Kopf. Man kann ihren Bauch sehen, der ist flach und straff. Vielleicht will sie mit ihm schlafen. Aber er traut sich nicht, sie zu fragen, außerdem ist er sowieso nicht in Stimmung dazu.
 Plötzlich springt sie auf und sagt: „Komm, laß uns laufen." Berger weiß auch nicht warum, aber er rennt hinterher. Das ist einfach kindisch, außerdem kann sie viel schneller laufen als er. Aber er springt über Steine und Furchen und tobt hinterher. Keucht schon beträchtlich, hat Seitenstiche und so. Das sind wohl Brunstspiele, was?
 Dann kann er nicht mehr und schmeißt sich hin. Allerdings vorsichtig, um sich nicht zu verletzen. Sie wird schon kommen, aber tatsächlich liegt er in einem zerfallenen Kuhfladen, und davon abgesehen kommt sie auch nicht. Schließlich wird es ihm zu dumm und er steht wieder auf. Keine Spur von ihr weit und breit. Man kann das hier schlecht übersehen, weil diese Hügel überall sind.
 Frau Flint brät Fisch. Ob ihm die Gegend gefiele. Ja, sagt Berger, wem gefiele die nicht. Das wäre die schönste Ecke der Welt. Er wolle hier viel arbeiten. Dazu wäre es ideal.

Die Kinder haben Beeren gepflückt. Irgendeine blaue Sorte. Es gäbe Quark mit Beeren und Fisch. Hering. Hier schwämmen sehr viele Fische in der Gegend rum, das sein kein Problem, die zu angeln. „Well", wirft Berger ein, das könne er sich gut vorstellen. Angeln würde er auch gern, das wäre so friedlich.

Nach dem Essen hat er einen öligen Fischgeschmack im Mund. Die verspeisen den Nachtisch hier nämlich immer vor dem Essen. Das ist so eine Sitte, da kann man nichts machen. Claudine tut so, als kenne sie ihn nicht, Flint will den Torf wenden gehen. Die heizen hier nämlich nur mit Torf, den stechen sie selber. Berger legt sich schlafen. Schließlich bezahlt er nicht dafür, Torf stechen zu dürfen.

Die nächsten Tage verzogen, ohne daß Berger sich fand. Es kam zu nichts. Die Inspiration war einfach nicht da. Nichts zu machen. Flints sind nett und vergnügt. Die arbeiten, weil's eben sein muß, die fragen nicht, warum. Und Claudine mistet Ställe, reitet, milkt Kühe und dies. Er rennt jeden Tag los, krakelt Blatt voll um Blatt mit Männchen und wirren Worten. Immerhin eignet sich das, den Torf zu entzünden, wenn es kühler wird.

Abends sitzt er am Kamin und trinkt Whisky; der ist unerschöpflich. Die gehen hier schlafen, wenn die Dohle schreit; manchmal kommt Claudine, nennt ihn Wully, fragt, was er mache. Ja, sagt Berger, er ventiliere die Dinge. Meistens döst er vor sich hin. Irgendwie macht ihn das hier traurig, denkt, was es sei, daß er das nicht genösse, wo das Land doch glänze und strahle, wo die Luft klar sei und das Wasser.

Dann fragt sie ihn, ob er mitkäme zum Fischen. Es ist ein schöner Morgen, etwas kühl, aber schön. Das Wasser glitzert und ist ruhig. Als sie die Angeln auswerfen, im Boot liegen, streift Berger sie, ihre Brüste, fühlt ihr Haar, das jetzt offen ist. Das erregt ihn enorm. Wo er sie in die Arme nehmen will, kippt das Boot um. Das Wasser ist eisig kalt. Als er auftaucht, prustet, Algen abwischt und anderes Geschling, schreit sie ihm zu, er wäre ein Idiot, er solle ihr gefälligst mal helfen, das Boot umzudrehen. Das ist aber nicht so einfach, weil sich alles mit den Angelschnüren verhakt hat, und überhaupt ist so ein Boot recht schwer, wenn man da hängt und Wasser tritt. Auch zieht es ihn reichlich nach unten, von wegen der Sachen, die sich aufsaugen mit Schwere. Wollpullover sind da besonders ungeeignet, wenn man im Wasser liegt.

„Das geht nicht," schreit er. „Wir müssen das ans Ufer ziehen." Dauernd geht er irgendwie unter. Da braucht man viel Kraft, doch schließlich klappt es irgendwie. Dann fällt er halbtot ins Gras. Schwer wie zehn Zentner. „Komm", sagt sie, „du mußt dir was Trockenes anziehen." – „Ich kann jetzt nicht aufstehen." Der ganze Magen ist voll mit Wasser, Fischgeschmack im Mund. „Du holst dir ne Lungenentzündung." Berger schleppt sich zum Haus, würgt allerhand, zieht sich um, fällt aufs Bett. Alles Scheiße, das ist ja das Letzte.

Dann kommt Claudine wieder an mit zornzerkrauster Stirn, ob er nicht wenigstens helfen wolle, die Angeln wieder in Ordnung zu bringen, das Boot auszuwaschen. „Nein, später," sagt er, jetzt nicht, er wäre zu tot. So eine Flasche wie ihn hätte sie überhaupt noch nicht erlebt, das sei ja nicht auszuhalten, was er eigentlich könne, ob er beim Bumsen auch so ein Mehlsack wäre oder wie. Berger dreht sich zur Wand und schläft ein, ihn kotzt das hier an.

Aber er bleibt. Jetzt kommt das Fest. Das sei der Höhepunkt vom Jahr. Da werden Kuchen gebacken, Whiskys geschleppt und derlei. Große Aufregung. Alles staffiert sich heraus. Flint im Kilt. Das Haus wird geputzt, Tiere gestriegelt. Überall Bänder gehängt, Tanzflächen geschaffen, Bänke gezimmert. Nachbarn von weit kommen in Boot oder zu Pferd. Manche mit Rover von drüben. Massen von Kindern. Die Männer im Kilt. Alles strahlt.

Erst reiten die im Turnier, stechen Ringe, erringen Preise. Alles klatscht. Dann werden Sports getrieben, Baumstammwerfen, Gespringe und so. Verwitterte Typen mit Runzeln sind das, gehäubt die Frauen, die Parade stehen. Jetzt kommen die Kinder mal dran. Jeder juchzt, und wirklich, das ist schon schön, die leben ja noch.

Einer hat eine Geige und kratzt darauf, zwei spielen Dudelsack, alles tanzt im Gestampf, Stampftänze, untergehakt auf einem Bein. Artisten dazu. Säbeltanz oder wie das heißt. Zurückgebeugt, das Becken gestreckt. Claudine ist mitten drin im Ringelrein. Was mit ihm denn sei. Sie ist ganz rot im Gesicht, er solle doch mitmachen. Er kennte die Tänze nicht, wäre auch atonal, absolut, da sei nichts zu machen. „Ach was", sie hakt ihn ein, zieht ihn mit; ihm wird ganz schwindelig vor Hitze und Lärm, alles dreht. Irgendwie kommt er nicht mit. Setzt sich zu

den Alten, trinkt Schnaps. Die träumen von der Kraft, die sie hatten.
Dann geht er raus, runter zum See. Vielleicht kommt das Monster, um alles zu fressen. Stattdessen kommt aber sie, sagt, sie wolle jetzt mit ihm schlafen, sie sei so glücklich wie nie, fällt ihm in den Arm, küßt ihn wild. Er hingegen fühlt sich so wahnsinnig leer, doch preßt er sie an sich, um nichts zu verlieren. Und irgendwie denkt er, daß der Weg so wohl nicht längs gehen kann.
Daher auch der Fischgeschmack.

Quinzor

Quinzor war ein humpliges Männchen, aber er hatte keinen Buckel und schielte auch nicht. Deshalb nannte ihn jeder Quinzor den Humpler. Quinzor war Arzt gewesen, aber man hatte ihm die Lizenz entzogen zu praktizieren; wegen eines Verstoßes, so sagt er einem, wenn man ihn fragt. Ich hatte Quinzor in der Kanalisation kennengelernt, in der Zeit des Lebens im Untergrund. Er, seinerseits, züchtete dort Pilzsorten, die nur da gediehen, nicht anderswo. Als ich ihn sah, wunderte ich mich, jemanden dort anzutreffen, aber es war ganz natürlich, und wir unterhielten uns über Dostojewskijs Großinquisitor.

„Aha," sagte er, „Anarchist bist Du. Ja, Kamerad, die Anarchie ist, wenn Du die Ratten siehst, wie sie tanzen. Du bist doch der Zacker, das mußt Du doch wissen."

Es erstaunte mich, daß er mich kannte. Ich sah im Schein der fahlen Grubenlampe, die er an einem rostigen Haken aufgehängt hatte, daß er einen schmutzigen grauen Vollbart trug, der ihm beim Sprechen zitternd auf die Brust hinabfiel.

„Weißt Du, Kamerad, wir wollen etwas trinken, es ist ein Tag, den man feiern muß. Ich treffe hier selten jemanden. Es ist eine merkwürdige Atmosphäre. Der Gestank, Du weißt, Kamerad, der Gestank hier ist mörderisch, und das Viepen der Ratten, sowie das Kratzen, das feine Kratzen. Das kommt auch von den Ratten, aber es ist eine Frage der Persönlichkeit, ob man sie hier verliert oder nicht. Nicht jeder ist dem gewachsen."

Und er holte eine Flasche schweren Beaujolais aus der Tasche seines alten Lodenmantels. Es fiel mir auf, daß er darunter eine Zimmermannshose aus breitgerripptem schwarzen Cord trug und ein weißes Hemd. Erstaunlicher aber war die zitronengelbe Popkrawatte.

Als er meine Augen auf dieser ruhen sah, schrie er mich an: „Quinzor trägt Krawatten wie jeder! Keiner kann Quinzor das verbieten, wer hätte den Mut dazu! Du etwa, du Kröte, Versager und Pest, Du etwa?!" Und während er so schrie und das hallte, ging er erregt einen Schritt vor und wieder zurück, wobei man bemerkte, daß er humpelte.

Und dann wieder: „Du etwa? Wer bist Du überhaupt! Hältst Du Dich für den Großinquisitor selbst?" Und er wurde knallrot im Gesicht dabei, „denk ja nicht, daß Du der wärest, der bist Du nicht!"

„Aber", sagte ich, „der will ich nicht sein, der bin ich nicht, wer wäre das."

„Schrei nicht so," brüllte er, „der Kanal gehört Dir nicht. Er könnte Risse bekommen und einstürzen." Dann war er plötzlich wieder ganz ruhig und hielt mir die Flasche hin. Wir tranken Rotwein und baumelten mit den Füßen in der Kloake. Die Luft hier unten ist entsetzlich feucht und ungesund. Es erschrak mich, als eine Ratte vorbeihuschte. Aber das hätte nichts auf sich, sagte er mir.

„Zu Deinem Anliegen zu kommen, das Du haben wirst, Kamerad," sagte er und sah mich an, als schätzte er mich und wöge meine Fähigkeiten. „Du bist auf der Flucht?"

„Ja, sie pflegen auf mich zu schießen, wenn sie mich sehen. Mehr aus Spaß, nicht direkt aus Gründen."

„Soso. Wir könnten sie in eine Falle locken. In einen Hinterhalt. Du verstehst, Kamerad, einen Hinterhalt. Es kommt darauf an, sie in die Irre zu führen."

In der Ferne hörte man das Plätschern, wie es Paddelboote verursachen, wenn sie ins Wasser stechen. „Sind sie das?" fragte er mich so ganz nebenbei. — „Nein, man weiß davon nicht, daß ich hier bin, hier in der Kanalisation." — „Dann werden es Touristen sein. Du weißt doch, über uns ist die Stadt."

Es war aber nur ein Stehgeiger, wie sich herausstellte, der sich zu uns gesellte, indem er sein Kanu festmachte. „Eine schöne Gesellschaft", sagte er, „seid Ihr. Ein Anarchist und Quinzor, der Humpler. Mit einer Flasche Wein im Kanal. Das ist nicht normal! Wäret Ihr da, im Cafe, oder dort, aber hier, das ist nicht normal." Er schien verwirrt zu sein und blickte finster drein, als hätten wir ihn beleidigt.

Natürlich ist das normal, Du Stehgeiger, aber Du bist verwirrt. Beruhige Dich. Spiel lieber das Lied. Wir lieben Vivaldi, wie jeder, der im Kanal sitzt, die Zukunft bewegt." — „Willst Du die Ratten tanzen sehen, Du Narr!" erwiderte der Geiger. „Du Narr, weißt Du nicht, daß die Ratten nie tanzen?"

Aber er enthüllte seine Geige und strich die Saiten. Ich fühlte, wie mich die Musik in sich aufnahm, bis er abrupt aufhörte. Als er fertig war, die Geige wieder in das Tuch einzuschlagen,

135

aus dem er sie zuvor gewickelt hatte, sagte ich ihm, daß ich Zacker sei, der Anarchist. Aber das schien er anzunehmen. Dann saßen wir lange Zeit über stumm da und baumelten mit den Beinen. Der Stehgeiger trug Jeans und einen Rollkragenpullover.

„Die Pilze, die wachsen, könnten die Stadt vergiften, daß sie die Eingeweide zerfressen. Wir könnten sie wachsen lassen." — „Nein," fiel ihm der Stehgeiger ins Wort, „das geht nicht, das würde auffallen. Das würde jeder bemerken, das geht nicht, das ist unmöglich. Aber ich wüßte etwas anderes, wenn nur die Ratten tanzten — Zacker, weißt Du, die Ratten zum Tanzen zu bringen?"

Aber ich wußte das nicht, und das machte mich unendlich traurig, denn ich hatte da gar keine Situation. Irgendwie steckte meine Traurigkeit die beiden an, denn sie sahen ganz niedergeschlagen aus, und Quinzor, dem humpligen Männchen, fielen Tränen in den Bart.

Plötzlich schrie der Stehgeiger auf:

„Ich hab's, wir brauchen eine Jungfrau; die könnte alles erkunden und uns lieben. Und haben wir Liebe, haben wir Blumen, und die Eingeweide derer werden zerfressen!"

Er hatte recht, das war ganz klar. Das stimmte, und wir sprangen herum vor Freude, und Quinzor sagte, er würde das schaffen und lief weg, was wie ein Hüpfen aussah durch sein humpliges Bein.

Als seine Schritte hüpfend und unrhythmisch verhallt waren, hörte man ihn auch schon wiederkommen. Über der Schulter schleppte er ein Mädchen, das war wirklich eine Jungfrau, die ein wenig verwest, aber noch hell war. „Sie ist zwar ertrunken und tot," sagte er entschuldigend, „aber das macht nichts. Wir könnten sie ein wenig aufmuntern. Stehgeiger, spiel was!"

Wir flößten ihr viele Mittel ein, die Quinzor aus Pilzen gepreßt hatte, und Beaujolais, und der Geiger spielte Vivaldi. Als sie wieder zu leben begann, fragte sie, ob wir sie liebten. Sie sei eine Waise und der Tyrann hätte sie ersäuft, weil sie Sommersprossen habe, und das wäre verboten oben in der Stadt, wo der Tyrann herrsche.

„Nun," sagte Quinzor, „weil wir Dich lieben, haben wir Dich geholt, daß Du uns liebtest. Wir wollen die Zukunft bewegen, daß die Eingeweide derer zerfressen, des Tyrannen und der, aber Du mußt uns helfen."

Und sie lag da, auf dem Tuch, aus dem der Geiger seine Geige gewickelt hatte, und war nackt und schön mit ihren Sommersprossen. Ihre weiße Haut schimmerte und leuchtete in dem fahlen Licht des Kanals wie der Mond, daß es warm war und ich die Blumen über ihrer Scham blühen sah. „Ja, gern will ich Euch helfen," flüsterte sie, „aber, wie kann ich das?" und streichelte Quinzor den Bart, der grau war.

Dieser erwiderte mit beschwörender Stimme: „So, daß die Sonne leuchtet, die Blumen blühen und die Luft schwingt, so, daß die Pilze wuchern und die Steine brechen."

Dann stiegen wir alle in das Boot des Stehgeigers und fuhren, langsam durch die stinkende Kloake gleitend, zum Ausgang des Kanals. Dort aber stand der Tyrann, höhnisch lachend mit seinen Wächtern, die Maschinenpistolen hatten und anderes Kriegsgerät.

„He," rief er, „he, Quinzor, Du Humpler, und Zacker, Ihr habt den Geiger bestochen, die Jungfrau befreit! Das ist ein Verbrechen! Dafür müßt Ihr sterben! Hehe! Hehe!" und seine fetten Gesichtszüge verzerrten sich in schwammigem Fleisch. „Wächter!" schrie er, „Wächter, erschießt sie! Hehe!"

Aber die Gewehre der Wächter waren zerfressen von Quinzors Pilzen, und ihre Hände zitterten, und sie blieben stumm und bewegungslos vor den Sommersprossen und der Musik, die erklang.

Da rannte der Tyrann, und die Steine zersprangen, wohin er auch trat, und er brüllte, daß seine Stadt zerfiel, die verwuchert war und zerfressen in den Eingeweiden.

Wo die Jungfrau aber stand, nackt und schön, wuchsen Pilze zu Blumen, die blühten und ihre Scham verdeckten, und sie küßte Quinzor, das humplige Männchen, den Stehgeiger und mich, Zacker, den Anarchisten.

Die Zelle

Die Zelle ist ca. 4 m lang und 2,5 m breit. Wände und Decke bestehen aus rauhem, hellgelb gestrichenen Gußbeton, der Fußboden ist hellgrau mit PVC-Platten belegt, die Stahltür dunkelgrau gestrichen. Eine Resopal-Tischplatte (1 m x 0,5 m) ist an die Wand gewinkelt, Stuhl und Bett sind aus Stahlrohr gefertigt. Ferner gibt es einen schmalen eingebauten Spind mit Holztür und über dem Tisch ein 1 m langes Bücherbrett aus Holz. Waschbecken und Klo sind wie überall.

Das Fenster ist in drei Glasstreifen unterteilt. Der obere und der untere sind aus Milch-Draht-Glas und nicht zu öffnen. Nur die beiden Flügel in der Mitte sind aus normalem Fensterglas und zu öffnen. Außen davor ist das Gitter, davor die Betonsichtblende. (Dieser Knast sollte ursprünglich mitten in der Stadt stehen, als Ersatz für die Hammelsgasse, das Gerichtsgefängnis. Proteste haben das verhindert und der Knast wurde in Preungesheim gebaut. Hier sind die Sichtblenden ohne Funktion, deshalb lief 1973 mit dem hessischen JuMi eine Diskussion über den Abbruch der Blenden. Staatssekretär Werner sagte damals zu, den Abbruch „anzuregen". Sie sind noch dran.) Da diese Sichtblende jedoch nicht direkt vor'm Fenster ist, fällt von oben und von unten etwas Tageslicht ein. Hinaussehen kann man jedoch nicht einmal durch diese Spalten, weil sie eben von den Milchglasscheiben abgedeckt sind. (Der Einbau von Klarglasscheiben wurde in den Jahren 73/74/75 von den Stationssprechern immer wieder gefordert – und immer wieder mit den schwachsinnigsten Begründungen abgelehnt, bzw. es wurde eine Prüfung durch das JuMi zugesagt (zuständig dort: Staatssekretär Werner). Mal waren sie aus „Sicherheitsgründen" notwendig, mal waren „nicht die nötigen finanziellen Mittel für einen Austausch vorhanden".) Die Lichtverhältnisse in der Zelle sind infolgedessen so, daß es nie richtig hell wird – man braucht den ganzen Tag über künstliches Licht, wenn man lesen will.

Die Lichtquelle ist eine Neonröhre über der Tischplatte; der Lichtschalter befindet sich draußen. Man kann sie also nicht selber ausmachen. Normalerweise geht sie morgens um 6 Uhr an und wird abends um 22 Uhr ohne Ankündigung ausgeschaltet. Tagsüber kann es jederzeit passieren, daß ein Grüner findet, daß es „hell genug" ist, oder daß ein draußen vorbeigehender Knacki sich damit vergnügt, alle Schalter auszuknipsen – dann hat man Pech gehabt und muß bis zur nächsten Essenausgabe irgendetwas machen, wozu man nicht so viel Licht braucht. Ich habe das hier nur deshalb erwähnt, weil es symptomatisch für die ganze Situation hier ist, nämlich die des totalen Ausgeliefertseins.

In der Tür befindet sich eine „Fischaugen"-Linse, der Spion, durch die die gesamte Zelle (einschließlich Klo) jederzeit überblickt werden kann. Dieses Guckloch darf nicht überklebt werden, bei alteingesessenen, friedfertigen Leuten wird es von den Grünen jedoch in der Regel übersehen, wenn man's zuklebt. Zuweilen machen sie es dann kommentarlos wieder frei und man klebt's danach gleich wieder zu – hängt eben vom jeweiligen Grünen ab.

Überhaupt ist es so, daß die Vorschriften (daß man z.B. keine Fotos an die Wand heften darf, daß man nur 3 Bücher (!) usw. in der Zelle aufbewahren darf, daß man nichts haben darf, für das man nicht eine ausdrückliche und schriftliche Genehmigung hat) in voller Schärfe nur von wenigen Grünen und dann auch nur bei Neulingen, „Krawallmachern" und in der Knasthierarchie niedrig stehenden Gefangenen zur Anwendung gebracht werden. Nur ist es so, daß natürlich jederzeit ein Schwein kommen und die Fotos einfach von den Wänden reißen kann. Wehren kann man sich dann nicht dagegen, weil es ja nur ein Gewohnheitsrecht war. (Dagegen kann man sich allerdings schriftlich beschweren, beim Anstaltsleiter, beim JuMi, beim Richter, beim OLG, und evtl. erhält man dann, wie hier geschehen, nach ca. 12 Monaten einen OLG-Beschluß, in dem steht, daß man 4 Fotos mit Tesafilm an die Wand kleben darf. Diese Entscheidung gilt dann aber nur für diesen einen Gefangenen. Alle anderen müssen, falls ihnen mal paar Fotos abgerissen werden, einen eigenen OLG-Beschluß erwirken.) Derartiges geschieht selten, kommt aber vor. Demütigend ist aber vor allem, daß es jederzeit vorkommen *kann*, daß man also ständig auf die wohlwollende Duldung der Grünen angewiesen ist. Und verboten ist eben wesentlich mehr, als tatsächlich verboten wird. Z.B. darf man offiziell keine Zeitschriften, Bücher, Zeitungen und dergleichen ausleihen, darf noch nicht einmal jemandem was von seinem Einkauf abgeben. Tatsächlich ist es aber so, daß Wernfried dem Grünen bei der Essensausgabe einen Packen Zeitschriften geben und ihn bitten kann, sie mir rüberzubringen. Die meisten Grünen tun das, manche sagen allenfalls, daß man bis zum Hofgang warten soll und sie selbst weitergeben soll.

Aber theoretisch können sie, wenn sie bei mir eine Zeitschrift finden, die der Wernfried geschickt bekommen hat vom Verlag, uns beide für z.B. vier Wochen mit einer Zeitungssperre bestrafen oder uns vom Einkauf ein paar mal ausschließen o.ä. — nachzulesen in der „Hausordnung", im Strafvollzugsgesetz, in der U-Haftvollzugsordnung usw.

Aber mit der Zeit lernt man die Grünen ja kennen, weiß dann, bei wem man welchen Ton anzuschlagen hat usw.; trotzdem können sie einen, wenn sie wollen, jederzeit bis zum Exzeß schikanieren, ohne gegen irgendeine Bestimmung zu verstoßen. Und das ist der entscheidende Punkt. Hinzuzufügen wäre noch, daß Wernfried und ich hier auf der Station wohl den größten „Freiraum" in dieser Beziehung genießen. (Dazu später mehr.)

Inventarliste meiner Zelle:

1 Kaffekanne, 1 Kaffeefilter, 1 Thermosflasche, 1 Tasse, 1 Schüssel, 1 Brettchen, 2 Schälchen, Messer, Gabel, großer Löffel, Teelöffel, Brotdose;
Seife, Rei in der Tube (wird bei Neckermann hier beim Einkauf verkauft. Wäschewaschen in der Zelle ist aber verboten), Haarshampoo, Tempo-Taschentücher, Zahnputzbecher, Zahnbürste, Zahnpasta, Haarbürste, Kamm;
2 Handtücher, 1 Geschirrtuch, 1 Wischtuch, 1 Bettbezug, 1 Kopfkissenbezug, 1 Laken, 2 Wolldecken, 4 Pullover, 3 Jacken, 5 x Unterwäsche, 5 x Socken, 1 Paar Stiefel;
Kaffee, Tee, Tabak, Blättchen, Zucker, Salz;

139

diverse Medikamente, Leibwickel, Wärmflasche;

8 Pappen mit aufgeklebten Fotos: 21 x Silvia in allen Stimmungen und Posen, Ulrike Meinhof, Michail Bakunin sowie Irene, Roland und Florian. Dazu noch ein Margeriten-Foto von Irene;

20 Bücher: 2 franz., 2 griech., 2 engl. (Wörterbücher), 1 Roman von Simone de Beauvoir („Das Blut der anderen") und diverse ökonomische Schriften;

1 Dose Krimskrams (Nähzeug, Büroklammern, Briefmarken, Leim etc.), Patience-Karten, 1 Nußknacker, 1 Dosenöffner;

ein Stapel noch nicht beantworteter Briefe;

1 Packen ungelesener Zeitschriften (ID, Info Bug, KVZ, Spiegel, Stern etc.);

1 Kopfhörer (läuft rund um die Uhr auf drei Programmen: HR I, HR III, AFN);

(an Privatkleidung auf der Zelle ist erlaubt: 2 Jacken, 2 Hosen, 2 Paar Schuhe, 3 Hemden, 1 Pullover, 3 x Unterwäsche).

Freizeit/Hofgang

Für die Freizeit stehen zwei Räume zur Verfügung pro Station, Größe etwa jeweils 7 x 4 m; in dem einen steht ein Fernseher (Video-Aufzeichnungen des Programms vom Vorabend: Spielfilme, Krimis, Musik etc.), in dem anderen ein paar Tische. Dort sitze ich immer mit Wernfried; ansonsten halten sich doch fast nur karten- und schachspielende Ausländer auf, z.T. wohl, weil die mangels Deutschkenntnissen nichts vom TV hätten (es sei denn, es gibt Fußball). Die tägliche Freizeit beträgt seit November 75 zwei Stunden, und zwar von 9.30 - 11.30 Uhr oder von 13.30 - 15.30 Uhr. Wenn sie nachmittags stattfindet, wird der Hofagng irgendwann vormittags abgehalten, vice versa.

(Auf Proteste gegen die Blenden etc., die bei der Einweihung des Knastes auftraten, wurde 73 vom JuMi geantwortet, daß die Gefangenen ja ohnehin fast nie in ihren Zellen wären, sondern den ganzen Tag Freizeit hätten. Damals war die tägliche Freizeit von 8.00 - 12.00 und von 13.00 - 16.00 Uhr. Freizeit und Freistunde überschnitten sich dabei allerdings.)

Der Hofgang (1 Stunde täglich, seit Januar 77. Vorher an Sonntagen, Samstagen und Feiertagen nur 1/2 Stunde. Auswirkung des neuen Strafvollzugsgesetzes.) findet an den Wochenenden und Feiertags grundsätzlich drinnen in einer Art Veranda oder Turnhalle statt. An Wochentagen ist er abwechselnd im Freien auf dem Hof, vor dem Knast, oder auch in dieser „Turnhalle". (Bei schlechtem Wetter neuerdings auch grundsätzlich. „Schlechtes Wetter" ist praktisch den ganzen Winter über, und im Sommer bei Regen. Von den 30 Tagen im Monat finden 10 im Freien und 20 auf den Veranden statt. Wenn an den zehn Tagen zufällig immer schlechtes Wetter sein sollte, kommt man eben gar nicht raus.) Drinnen gibt es je zwei Tischtennisplatten (die immer besetzt sind; außerdem kann Wernfried nicht spielen, der Schlappsack.) Wernfried und ich gehen sowohl draußen, als auch drinnen, immer nur im Kreis herum — wir lieben es weder, uns im Dreck zu suhlen, noch machen wir den Kasper, indem wir da etwa vor versammelter Mannschaft mit Gymnastik anfangen.

Der Hof draußen ist fast so groß wie ein Sportplatz. Umgeben ist er von einer ca. 5 m hohen Mauer mit drei MPi-besetzten Wachtürmen und diversen Nato-Stacheldrahtrollen (die stechen nicht, wie Normal-Draht, sondern schneiden und stechen) auf der Mauerkrone. Besagte „Turnhalle" ist aus Beton, eine Art Säulenhalle mit 2-Meter-hoher Mauer drumrum, von deren Krone bis an die Decke ein Gitter reicht, so daß man nicht raussehen kann. Größe ca. 8 x 12 m.

In dem Freizeitraum, wo wir uns aufhalten, stehen ein paar (meist unvollständige) Schach-, Gesellschafts- und Monopoly-Spiele herum. Die werden allerdings kaum benutzt, da eben außer uns und ein paar Ausländern alle fernsehen. Nicht aus Begeisterung, sondern nur, weil sie nicht wissen, worüber sie reden sollten.

Zum Hofgang ist jeder zugelassen (sofern er nicht in Iso hockt), zur Freizeit nur Leute, die hier schon länger als zwei Monate sitzen. Neueste Begründung dafür ist: in den ersten 2 Monaten werden die neuen Gefangenen „beobachtet" und „betreut" von den Grünen, dem Psychologen (der sein Arbeitsfeld in der Betreuung der Grünen sieht, wie er selbst ganz offen sagt) und den Fürsorgern (die nicht vorhanden, krank oder gerade in Urlaub sind, wenn man nach ihnen verlangt). Tatsächlich dürfte es wohl eher eine Art Aussageerpressung sein, denn die neuen Leute reden dann in dieser entscheidenden Zeit (Verhaftungsschock mit anschließender Total-Iso) schon allein deshalb mit den Bullen, um mit überhaupt jemandem zu reden. Zumal, wenn sie zum ersten Mal im Gefängnis sind. Auch wissen die meisten gar nicht, daß sie nichts zu sagen brauchen bei Vernehmungen durch die Bullen. Wer in diesen zwei Monaten nicht ausgesagt hat, hat den Verhaftungsschock in der Regel überwunden und wird sowieso für's erste nicht mehr reden, außerdem wären die Aussagen für die Bullen dann — wegen eventueller weiterer, schnell durchzuführender Verhaftungen — auch nicht mehr so wichtig. Das alles zusammengenommen scheint mir der Grund für diese übliche 2-Monats-Freizeitsperre nach der Verhaftung zu sein. (Das wird bestätigt durch die offizielle Begründung für die Einführung dieser Regelung durch den JuMi im November 75. Laut FR damals hatten sich die Bullen, die Staatsanwaltschaften und die Gerichte in Frankfurt immer massiver darüber beschwert, daß die neuen Gefangenen keine Aussagen mehr machen würden, weil die alteingesessenen Gefangenen ihnen klarmachten, daß sie nichts zu sagen brauchen etc., auch stabilisiert die sofortige Integration in die Knastkultur die neuen so weit, daß sie kein Rede-„Bedürfnis" mehr haben und allein deshalb zu den Bullen rennen. Die Bestrebungen zu dieser Einschränkung der Freizeit-Regelung lief seit der Einweihung. Ein „Sitzstreik" einer Station im November 75 anläßlich eines ungeklärten „Selbstmordes" eines Mitgefangenen (Joe Grascyck), der in den Freizeiträumen stattfand, war der willkommene Vorwand für eine zuerst vollständige Streichung der gesamten Freizeit, der Besuche, des Hofgangs (3 Tage lang) und der anschließenden „Neuregelung" der Freizeit in der jetzigen Form. Den Gefangenen wurde die Einschränkung mit den 2 Monaten natürlich nicht mit den verweigerten Aussagen etc. erklärt, sondern mit der Aktion, die es erforderlich machen würde, die Zahl der in den Freizeiträumen sich aufhaltenden Gefangenen zu reduzieren: aus Sicherheitsgründen. Diese Begründung übernahmen dann auch verschiedene Gerichte, darunter unsere Kammer und das OLG Ffm, um Anträge auf Verlängerung der Freizeit und Wiedereinführung der vorherigen Regelung abzulehnen (siehe dazu auch: Kirche/Arbeitsgruppen). Schon vor dem November wurde die tägliche Freizeit Schritt für Schritt verkürzt mit den abenteuerlichsten Begründungen; z.B. Anfang der Freizeit nicht 8.00, sondern 9.00 Uhr, weil die Sanis die Medikamente immer von 8.00 - 9.00 ausgeben, und das ist einfacher, wenn sie von Zelle zu Zelle gehen, anstatt in den Freizeiträumen ihren Kram zu verteilen, usw. ——— Bei der Einweihung waren die Fenster der Freizeiträume mit Milch-Draht-Glas ausgestattet, das wurde erst nach diversen Protesten der ,,Öffentlichkeit" ausgewechselt.

An Repressalien ist es hier möglich, die Freizeit wegen ,,Anstiftung" zu ,,meuterähnlichen Verhaltensweisen" (also z.B. Belehrung darüber austeilen, daß niemand bei den Bullen auszusagen braucht etc.) oder dgl. ganz oder vorübergehend für Leute zu sperren. Bezüglich des Hofgangs wird in solchen Fällen der Einzelhofgang verordnet. (Laut ,,Wochenspiegel" ist die Freizeit nicht etwa selbstverständlich und üblich, sondern ,,kann gestattet werden"...)

Einkauf/Kirche/Arbeitsgruppen

Zum Einkauf werden die Stationen mittwochs in eine Art Mini-Supermarkt geführt (Neckermann/Karstadt). Das geht nach dem Rotationsprinzip, so daß jede Station mal am Anfang und mal zum Schluß dran ist. Dort kann man — so man Geld hat (Höchsteinkauf pro Woche für 75,— DM) — nahezu alles kaufen: Tabak und Toilettenwaren, Obst, Süßigkeiten, Milchprodukte und verschiedenartigste Konserven. Wegen angeblich nicht vorhandener Lagerräume verhält es sich allerdings so, daß die später drankommenden Stationen insbesondere bei Obst, Milch und diversen anderen Frischwaren meist in die Röhre gucken. Außerdem ist ,,nahezu alles" auch nur relativ und theoretisch, denn natürlich ist das Angebot das eines Dorf-Krämers und meist fehlen irgendwelche wichtigen Sachen z.T. wochenlang (Kohle- und Durchschlagpapier, Shampoo, Postkarten, Gewürze, Tee, Konserven, Batterien). Zudem sind die Preise zum Teil unverschämt überhöht und es gibt keine Sonderangebote oder sonstigen Gelegenheitskäufe wie draußen. Eine Warenliste, auf der alle verfügbaren Waren aufgeführt sind, wird seit 74 immer mal wieder angekündigt bzw. von Neckermann (früher) und Neckermann/Karstadt (jetzt) zugesagt auf Beschwerden von Stationssprechern (früher) und einzelnen Gefangenen (jetzt), gesehen hat sie bisher allerdings noch niemand. So ist es möglich, die Preise für einzelne Waren stillschweigend von einer Woche zur nächsten um 20, 25, ja 35% heraufzusetzen (wahrscheinlich immer dann, wenn der Umsatz des betreffenden Artikels steigt). Wenn es doch ein ,,Sonderangebot" gibt, ist was faul an der Geschichte: es wurden z.B. Thermoskannen mit leichten (mehr oder weniger) Beulen und Kratzern als Sonderangebote für 10,— DM angeboten hier. Ein Gefangener entdeckt eben diese Kannen — neu und ohne Kratzer und Beulen! — für 9,75 DM im regulären Neckermann-Versand-Katalog, erstattet Anzeige wegen Betruges — und wird von Neckermann vom Einkauf hier ausgeschlossen. Die Anzeige wird von der StA natürlich nicht angenommen. Theoretisch besteht auch die Möglichkeit, Waren, die nicht vorrätig sind beim Einkauf, für den nächsten Einkauf zu bestellen. Wenn man ein wenig Glück hat, dauert es nur 4 bis 8 Wochen, bis der Artikel dann mitgebracht wird.

Die Bedienung, die Frau an der Kasse, behandelt die normalen Gefangenen, als würde sie ihnen die Sachen schenken und nicht verkaufen. Wir werden davon ausgenommen, wohl aufgrund unserer schönen Augen.

Das Hauptproblem liegt da, daß man – trotz des an sich nicht so besonders schlechten Essens hier, etwa Kantinenqualität in Fabriken – ständig nach etwas eine unendliche Sehnsucht hat, und die kompensiert man dann mangels anderer Kompensationsmöglichkeiten durch den Genuß von Süßigkeiten etc. Kommt man jetzt also zum Einkauf und sieht da die ganzen leckeren Sachen, denkt man: jetzt habe ich wieder die lange graue Woche vor mir, kauf ich mir mal paar Tafeln Schokolade z.B. Kaum ist man dann auf der Zelle zurück, frißt man aus Frustration in der Regel gleich alles auf einmal auf und hat sich dann den Magen verdorben und furchtbar viel Geld rausgeschmissen, ohne daß man sich dafür wenigstens die ganze Woche versüßt hätte. Am nächsten Morgen ärgert man sich dann schwarz – um es in der nächsten Woche wieder so zu machen.

Was die Preise anbelangt, so ist's übrigens so, daß ein Päckchen Tabak 2,50 DM, ein großes Glas Nescafe 14,00 DM kosten. Als ich ins Gefängnis kam, kostete der Tabak 1,80 DM und der Nescafe ca. 10,00 DM. Der Arbeitsverdienst im Knast (ca. 2,50 DM am *Tag*) hat sich in dieser Zeit nicht oder nur minimal erhöht. (Durch das neue Strafvollzugsgesetz hat er sich z.T. sogar noch drastisch verringert! So in Dieburg z.B., wo die Gefangenen teilweise ein Drittel bis zur Hälfte weniger verdienen, als noch vor diesem Gesetz. Um Unruhe unter den Gefangenen zu vermeiden, kriegen die, die vor dem 1.1.77 schon gearbeitet haben, bis zur Entlassung weiter ihren alten Lohn (mit einigen Abzügen); die Neuen, die nach dem 1.1. anfangen, werden nach dem neuen, wesentlich niedrigeren System bezahlt. Systemimmanente Reform.)

Arbeit gibt es hier in der U-Haft überhaupt kaum (150 Plätze, inkl. Hausarbeiter ca. 200 bei ca. 900 - 1000 Gefangenen), dadurch wird das Arbeiten-Dürfen zum Privileg, zur Belohnung für dieses und jenes. D.h.: entweder Denunzianten bekommen die Arbeit für irgendwelche Zuträgerdienste, oder aber die Anstalt kauft mit irgendwelchen Vorzugsposten (Fürsorge, Bücherei, Hauszeitung, Verwaltung etc.) die Gefangenen, die ihnen durch Beschwerden, Eingaben, Anzeigen usw. am meisten Schwierigkeiten machen (lassen diese sich nicht kaufen, sei es mit Posten, sei es mit anderen „Privilegien" – dazu später noch – werden sie gezielt fertiggemacht). Außerdem ist die Arbeit hier größtenteils extrem stumpfsinnig (Nieten klopfen, Party-Sticks in Dosen füllen, Wasserhähne zusammenschrauben (...aus Massiv-Messing und bei den Grünen sehr beliebt, so heißt's), Weihnachtspapiere falten, Filzstifte sortieren u. dgl.). Das liegt u.a. daran, daß es sich bei der sehr hohen Fluktuation der Belegschaft hier für Firmen nicht lohnt, die Leute für etwas anspruchsvollere Tätigkeiten (Wäscheklammern zusammensetzen oder Kugelschreiber zusammenkleben wie in Darmstadt, Telefone löten wie in Dieburg) anzulernen. (Siehe dazu auch: Kalfaktoren = Hausarbeiter.)

Für den evangelischen Gottesdienst sind die Stationen des Knasts seit November 75 in 2 Gruppen geteilt (Stationen 1 - 5 inkl. 2 Stationen aus dem ,,kleinen Haus" nebenan; Stationen 6 - 10 inkl. 2 Stationen aus dem kl. Hs., die umschichtig Sonntag morgens in die Kirche geführt werden; man kann also nur alle 14 Tage zum Gottesdienst. Der Gottesdienst verläuft so, daß der (hier progressive) Pastor irgendwelche knastbezogenen Sachen erzählt, denen etwa 95 % der ,,Gemeinde" sowieso nicht zuhört, weil es die einzige Gelegenheit ist, mal jemanden von einer anderen Station zu treffen und zu sprechen. (Das ist auch der Grund für die Teilung gewesen: die Kommunikation sollte unterbrochen werden. Gleichzeitig mit der Teilung in zwei Gruppen wurde die Zahl der Teilnehmer jeweils auf 80 beschränkt. 80 Teilnehmer, so hieß es in der Begründung, wären aus Sicherheitsgründen die höchstzulässige Zahl. Nun ist es so, daß in beiden Gottesdiensten zusammen gerade 80 zusammenkommen, das Sicherheitsargument also nicht stimmt. Beschwerden diverser Gefangener sind durch das OLG und durch unsere Kammer z.B. zurückgewiesen worden — mit der Sicherheits-Begründung.)

Außer dem evangelischen Gottesdienst gibt es noch einen katholischen, einen jüdischen, einen mohammedanischen und einen katholischen für Jugoslawen und Italiener. (Seit November 75 sind die Juden und Mohammedaner als ,,Freizeitgruppen" eingeteilt, nicht mehr als Gottesdienst. Das bedeutet, daß die Teilnehmerzahl auf 15 beschränkt wurde (vor dem November war bei keiner Freizeitgruppe und keiner Veranstaltung oder Gottesdienst irgendeine Beschränkung nach Zahl oder Stationen). Es scheint, als hätte sie das widerspruchslos hingenommen. Auch hier ist der Grund, daß die Kommunikation unterbrochen werden sollte; bei den Israelis sitzen z.B. die meisten wegen Heroin etc. und die ,,Komplicen" haben sich mehr oder weniger zufällig getroffen bei diesen Veranstaltungen, worauf die Bullen und StAe auch hier eine Änderung verlangten.)

Arbeitskreise und Lehrveranstaltungen sind so gut wie völlig abgeschafft worden. Es gibt noch je eine Gruppe des evangelischen (dessen Gruppe ständig vom Verbot bedroht ist) und katholischen Pastors, eine Gruppe ,,Deutsch für Ausländer", eine Gruppe ,,Malen und Gestalten" (die beim Lautsprecherdurchruf permanent ,,Malen und Streichen" genannt wird) und die sogenannte ,,Bewährungshilfe"-Gruppe (die ebenfalls ständig kurz vor der Auflösung steht). Auch die Gruppen wurden gezielt aufgelöst, die Lehrer und Betreuer rausgesäubert bzw. mit Psychoterror rausgeekelt. Es gab bis zum Frühjahr 76 Sprachunterricht in Französisch, Englisch, Deutsch, jeweils für Anfänger und Fortgeschrittene, es gab Drogenberatung, es gab noch zwei katholische Gesprächsgruppen, eine Gruppe der Fachhochschule usw. — alles unerwünschte Außenkontakte, die die Sicherheit gefährden. Der Sprachlehrerin wurde also die Zeit für ihren Unterricht zusammengestrichen, die Räume nicht mehr zur Verfügung gestellt, untersagt, Blumen etc. mitzubringen, untersagt, öfter zu kommen, die Fachhochschüler wurden gefilzt (der die Gruppe überwachende Fürsorger sitzt übrigens inzwischen selbst im Knast, weil er hier

Heroin, Schnaps und Kassiber reingeschmuggelt haben soll und dem ersten Lehrer für die Mal-Gruppe wurde Shit aus dem Farbkoffer gefilzt.) Kinoveranstaltungen gibt es ca. 2 mal im Jahr; 6 mal im Jahr ungefähr kommt irgendeine Volksbühne in den Knast und führt bei auf 80 Teilnehmer beschränktem Publikum irgendwelche albernen Verschnitt-Stücke in hessischer Mundart auf o.ä. (auch diese Einschränkung seit November 75, vorher unbeschränkte Teilnehmerzahl.)

Reinlichkeit

Jeder Gefangene ist verpflichtet, sich und seinen Haftraum sauber zu halten, was wiederum eine Ermessensfrage des einzelnen Grünen ist. Zu diesem Zweck bekommt man einmal die Woche einen Eimer mit heißem (in Limburg und anderswo: kaltem) Seifenwasser und einen Schrubber. Duschen findet, seit Ende 74, zweimal die Woche statt. Man kann beides ab und zu mal ausfallen lassen, an sich ist beides aber obligatorisch. Beim Duschen ist es genau wie mit dem Licht: die Wassertemperatur wird von draußen, von den Grünen eingestellt. Wenn er findet, daß es reicht, dreht er einfach den warmen Hahn ab; meist erübrigt sich dieses Abdrehen aber, da die letzten ohnehin kein warmes Wasser mehr abkriegen, weil es verbraucht ist. Da sich im Duschraum nur zehn Duschen befinden, zieht sich das jeweils so den ganzen Vormittag hin, bis alle dran waren. (Also wenn ich ,,alle" sage, meine ich die Station von ca. 60 Mann.)

Jeweils nach dem Duschen bekommt man 1 frisches Handtuch, das zweite wird beim nächsten Mal getauscht, und – falls man Anstaltskleidung trägt, was man in der U-Haft halten kann, wie man will (es sei denn, der Richter ordnet Anstaltskleidung an) – frische Wäsche. Oft kommt aber die Wäscherei in der Frauenanstalt mit der Arbeit nicht nach, so daß es mal eine Woche lang keine Strümpfe, in der nächsten keine Hemden gibt usw. (die Frauen machen die Wäsche für alle Frankfurter Knäste). Außerdem kann man sich dann die notwendigen Toilettenartikel geben lassen: Seife, Zahnpasta, Schnürsenkel, Rasierklingen, Klopapier, Scheuersand, Kamm, Zahnbürste. Aber z.B. die Seife ist so schlimm, daß wir uns immer welche kaufen (oder von Irene schicken lassen); ich – als degenerierter Astheniker – bekomme davon ohnehin einen ganz üblen Hautausschlag. (Was auch der Grund ist, warum ich keine Anstaltskleidung trage; denn wegen der zu derer Wäsche verwendeten Seife hatte ich, als ich das vor geraumer Zeit mal versuchte, eine Hautentzündung am ganzen Körper; insbesondere natürlich am - äh - Unterleib).
(Beim und kurz nach dem Duschen: das sind die Augenblicke, in denen man sich hier mal nicht ,,irgendwie schmutzig" fühlt wie sonst ununterbrochen, sondern – in Grenzen – ganz wohl in seiner Haut. Man taut gewissermaßen auf, die Versteinerung löst sich etwas auf.)

Vorführung zum Arzt, Rechtsanwalt etc.

Wenn man zum Arzt will, muß man sich morgens vom Stationsbeamten in so eine Liste eintragen lassen. Wenig später erscheint dann der Sani und fragt, was man beim Arzt wolle. Dem muß man dann eine haarsträubende

Geschichte erzählen (Pest, Kehlkopfkrebs, Magenbluten), sonst fertigt er einen nämlich mit ein paar Pillen ab, die er immer dabei hat. Hat man es geschafft, von ihm als arztwürdig anerkannt zu werden, wird man irgendwann im Laufe der nächsten Tage (es gibt festgelegte „Arzttage" für die Stationen) ins Wartezimmer des Arztes geführt, wo man erstmal so zwei Stunden däumchendrehend sitzt und wartet. Dann kommt man für zwei Minuten zum Arzt und erzählt ihm, was einem fehlt. Im allgemeinen wird man dabei durch einen der herumschwirrenden Sanis unterbrochen, die das anzweifeln, was man gerade sagt, weil sie einen für jemanden anderes halten. Der deutschen Sprache unkundige Gefangene sind gelackmeiert, den anderen wird prinzipiell unterstellt, daß sie sowieso nur simulieren. Sprüche wie „hören Sie doch erstmal auf zu rauchen" etc. sind normal.

Das gilt nicht — oder jedenfalls längst nicht in dem Maße — für Wernfried und mich. Vor allem deshalb nicht, weil hinter uns in deren Augen ja die Professoren-Gang steht, so daß sie sich nicht recht trauen, in der üblichen Weise zu verfahren. Das nützt uns allerdings auch nicht viel, weil die auch mit bestem Willen keine richtigen Ärzte sind und allenfalls für das Verschreiben von Milch u.ä. nützlich.

Bei Rechtsanwalts- und anderen Besuchen wird man von einem „Verfügungsbeamten" (sic!) abgeholt und runtergebracht. Auch da sind die normalen Knackis wesentlich schlechter dran als wir. Wenn von denen nämlich jemand z.B. an einem Montag um neun Uhr besucht werden soll, wird er um 9 Uhr in den Besuchswarteraum (winzig, völlig leer, ohne Fenster) geführt und muß dann z.T. stundenlang warten, bis sein Besucher an der Reihe ist. Das kann sich endlos hinziehen, weil es einerseits nicht genug Besuchszellen, andererseits auch nicht genug Überwachungsbeamte gibt. (Es kommt daher auch laufend vor, daß die Grünen die Besuchszeiten eigenmächtig mal verkürzen, weil „so viel zu tun ist".)

Wir, die crème de la crème, nämlich diejenigen mit LKA-Besuchsüberwachung, brauchen nicht zu warten, sondern werden in der Regel vom „Bereichsleiter" höchstpersönlich abgeholt und auch nach dem Besuch sofort wieder zurückgebracht.

Mitgebracht bekommen darf man beim Besuch (seit November 75) gar nichts. (Nicht einmal ein Taschentuch zum Trocknen der Tränen.) Außerdem muß man sich gegenübersitzen, und zwar an einem Tisch, der 1,20 m breit ist und nach unten mit einer Trennwand versehen ist. (Eine Trennwand nach oben, mit Glasscheibe drin, ist seit 74 im Gespräch und wird immer mal wieder erwogen, konnte aber bisher noch nicht „durchgesetzt" werden von den Bullen etc.; das gilt auch für die RA-Besuchszellen.) Möglich ist lediglich zu Beginn und am Ende eine kleine Umarmung — falls der resp. LKA-Typ so gnädig ist, das zu erlauben. Die Besuchszellen sehen genauso wie die RA-Zellen aus, nur daß sie statt eines Fensters eine zweite Tür haben, durch die der Besucher mit dem LKA-Typ reinkommt; an der Decke ein Oberlicht, Milchglas, wodurch ein Leichenschauhaus-Licht entsteht; an der Wand ein buntes Kalenderblatt „Schönen Gruß aus Tirol!" Bei weiblichen Besucherinnen kommt eine LKA-Tante zum Abtasten mit. Leibesvisitationen finden nach Besuchen meist nur oberflächlich statt. (In Darmstadt und Limburg mußte ich mich — auch und besonders nach RA-

Besuchen — zuweilen nackt ausziehen; das habe ich hier noch nicht erlebt; Wernfried auch noch nie.)

Hat man sonst ein Begehr (z.B. Antrag auf Paketmarke, Geldüberweisung, Beschwerde, Gespräch mit Fürsorger), muß man ein „Anliegen" (Vordruck) schreiben, was einem dann an einem der nächsten Tage (2 - 14 Tage) vom Stationsbeamten „eröffnet" wird. Schriftlich bekommt man prinzipiell nichts. (Beschwerden gegen die nur mündliche Eröffnung haben, je nach Wetterlage wahrscheinlich, beim OLG Erfolg oder eben nicht.) Im Großen und Ganzen muß man für alles und jeden Dreck ein Anliegen schreiben — meistens wird es abgelehnt; wenn es „beleidigend formuliert" ist, kann man dafür bis zu zwei Wochen in die Arrestzelle (siehe weiter unten) kommen.

Bei jeder sachbezogenen Frage erhält man die stereotype Antwort „schreiben Sie ein Anliegen" — erstaunlicherweise bekommt man die Anliegen-Formulare (noch!) ohne schriftliches Anliegen vom Stationsbeamten ausgehändigt.

Bücherei

Es gibt hier eine sehr große Bücherei mit Büchern in mehreren Sprachen. Die Bücher sind größtenteils aus den öffentlichen Büchereien ausrangierte und hier teilweise neu eingebundene Bücher (es gibt hier eine kleine Buchbinderei, die an die Bücherei angeschlossen ist). Die Literatur umfaßt von Karl May über Mario Simmel bis Dostojewskij fast alles. Das Problem liegt nur da, daß einen nach einigen Jahren Knast die in diesen Büchern angeschnittenen Probleme kaum noch interessieren; denn ich kann z.B. nicht mehr nachempfinden, was Eifersucht ist, insofern kommt mir das dann alles recht idiotisch vor, da es „in Wirklichkeit" doch nur *ein* Problem gibt, nämlich im Knast zu sein oder nicht. Die zwischenmenschlichen Beziehungen und die aus ihnen resultierenden Probleme, was ja in jeder Literatur das Hauptthema ist, sind für mich schon lange nicht mehr aktuell, weil die paar Beziehungen, die ich noch habe, eben vollkommen „tot" und erstarrt sind. Und wenn ich jetzt Bücher zu diesem Themenkreis lese, kann ich eigentlich nur leicht verärgert lächeln und sagen: die haben Probleme...

Post

Die abgehenden Briefe steckt man unverschlossen in einen „Begleitumschlag", den man dann zuklebt und in einen Briefkasten auf jeder Station wirft. Diese Briefe gehen dann zum Gericht, wo der Zensor den Begleitumschlag öffnet, den Brief liest, zuklebt und abschickt. (Es sei denn, er enthält „gröblich entstellende Angaben über die Verhältnisse in der JVA" oder dgl.) Umgekehrt verläuft es so, daß der Brief von der Poststelle ungeöffnet an den Richter geschickt wird, der ihn öffnet, liest und in einen andersfarbigen Begleitumschlag steckt. Diesen bekommt man dann vom Stationsbeamten (theoretisch sollen die Begleitumschläge zu den jeweiligen Personalakten geheftet werden, das wird aber — zumindest hier — nicht gemacht; aus Platzmangel wohl) und muß ihn in dessen Gegenwart öffnen und auseinanderfalten, daß dieser sich davon überzeugen kann, daß nicht

etwa ein Geldschein oder Kassiber o.ä., den der Zensor übersehen hätte, beiliegt. Auch das ist eine gezielte Demütigung, denn die wissen genau, daß der Richter nichts übersieht. Es hat lediglich den Sinn, einen vor den Grünen zu erniedrigen, indem die durch den Zensor ja ohnehin schon zerstörte Intimität der Korrespondenz nun auch noch *sichtbar* aufgehoben wird. Außerdem baut es die Macht- und Überlegenheitsposition des Grünen aus, denn nicht nur, daß es in seinem Belieben steht, *wann* er die sehnlichst erwartete Post austeilt, nein, man muß sie auch noch in seiner Gegenwart öffnen und vorzeigen. Das entspricht auf eine Weise der Unterleibskontrolle bei Leibesvisitationen. (Im übrigen wird das von den Grünen auch so empfunden, denn während es manchen regelrecht Spaß zu machen scheint, entschuldigen sich andere jedesmal, daß sie ja „nur die Bestimmungen erfüllen".)
(Eingeführt wurde diese Nachzensur durch die Grünen (eine Formulierung, die zur Zensur eines Infos durch den Zensor führte, weil es hier „keine Nachzensur gibt" —) Anfang Januar 77 mit Einführung des Strafvollzugsgesetzes. Beschwerden dagegen wurden von verschiedenen Gerichten und dem OLG zurückgewiesen.)
Linke Zeitungen und Zeitschriften laufen ebenfalls über das Gericht; bürgerliche Presse (a la FR, Stern etc.) gehen direkt an den Gefangenen. Es gibt da wohl einen Index.

Bücherpakete bzw. -päckchen, egal ob vom Verlag oder privat, werden von der Knast-Poststelle an den Zensor geschickt, dieser blättert sie durch und schickt sie an den Knast zurück, wo sie in der Kammer zur „Habe" genommen werden. Nach paar Tagen bekommt der Gefangene dann einen Zettel, auf dem ihm mitgeteilt wird, daß Bücher für ihn gekommen sind. Der Gefangene muß dann sehen, wie er an die Bücher kommt; „schreiben Sie ein Anliegen". Auch das ist seit Mai 76 neu eingeführt, vorher wurde alles, was vom Zensor kam, anstandslos ausgehändigt.

Die Zensurdauer ist vom jeweiligen Zensor abhängig. Es gibt welche, die alles sofort und offensichtlich kaum überflogen weiterschicken, so daß die Briefe höchstens eine Woche brauchen, es gibt aber auch andere, die 3 oder 4 Wochen brauchen. Besonders übel ist es, wenn der Zensor die eingehende Post erstmal sammelt und dann nach Wochen auf einen Haufen weiterschickt; statistisch gesehen bekommt man dann beispielsweise 30 Zeitungen und 15 Briefe im Monat, bekommt aber trotzdem nur an zwei oder drei Tagen Post.

Nach welchen Maßstäben bei uns zensiert wird, ist nicht zu sagen, mal wird jedes linke Blättchen zur Habe genommen, mal kommt alles durch; mal dauert die Post ein paar Tage, mal ein paar Wochen — also wahrscheinlich nach dem Bockprinzip zensiert.

— Noch ein Wort zum „sehnlichen Erwarten" von Post und Besuchen. In den ersten 1-2 Jahren hofft man praktisch den ganzen Tag auf eins von beidem und ist maßlos enttäuscht, wenn nichts kommt. Dann ist es so, daß es einen kaum noch betrifft (na, na! Das dürfte nur für eine Minderheit zutreffen!), weil man mit den Besuchen und Briefen — genau wie mit den Büchern — kaum noch etwas anfangen kann. Man freut sich zwar kurzfristig, wenn was kommt, mehr ist aber nicht, während man in den ersten

Jahren immer mit einem (beiden!) Ohr lauscht, ob nicht vielleicht der Grüne mit der Post kommt. Dann überlegt man sich, von wem man wohl einen Brief bekommen könnte, fertigt alle möglichen Statistiken an usw., besonders extrem ist das natürlich in der Isolation!

Tagesablauf

6 Uhr Wecken, 7 Uhr Frühstück, 12 Uhr Mittag, 16 Uhr Abendbrot. Schluß. Außerdem vormittags oder nachmittags Freizeit oder Hofgang.

Morgens um 6.00 Uhr dröhnt der Gong durch die in allen Zellen und Gängen befindliche Lautsprecheranlage (auf etliche Beschwerden durch die Gefangenen hin sind die mündlichen Durchsagen um 6.00 Uhr aufgegeben worden. Bis zum Sommer 76 brüllte jeden Morgen einer mit voller Lautstärke durch: „Aufstehen! Aufstehen!" und ähnlich unflätiges Zeug). Diese Lautsprecheranlage wird übrigens den ganzen Tag über für Durchsagen jeder Art benutzt; z.B.: „Ein Sanitäter dringend nach Station 4" (sprich: auf Station 4 hat einer einen Selbstmordversuch unternommen) oder „Herr Bechtold auf Station 3", „Bitte den Lastenaufzug freigeben", „Station 10 und Krankenrevier Telefonhörer auflegen" etc. Gleichzeitig wird das Radioprogramm in den Kopfhörern davon unterbrochen.

Zusammen mit dem Gong geht das Licht an. Bis 7 Uhr hat man Zeit aufzustehen, sich zu waschen, zu rasieren (Strom ist auf der Zellensteckdose von 6.30 - 7.30 Uhr jeden Morgen), Gymnastik zu machen oder weiterzuschlafen. Um 7 Uhr gibt es Frühstück. Dazu schließt der Grüne (wie bei jeder Essensausgabe) je nach Temperament und Laune eine, ein paar oder alle Zellen eines Flügels auf. (Seit November eingeführte Vorschrift ist, daß immer nur 3 Zellen gleichzeitig geöffnet werden dürfen aus Sicherheitsgründen. Vorher wurden in der Regel alle Zellen zugleich aufgeschlossen. Jetzt dauert die Essensausgabe dreimal so lange wie vordem.) Draußen im Gang stehen dann die Hausarbeiter mit einer Art Teewagen. Man kann sich dann eine Kanne Kaffee-Ersatz oder heißes Wasser und das jeweilige Essen holen.

Morgens: Brot, ein abgepackter Würfel (25 g) Margarine und entweder 1 Ei, 1 Ecke Streichkäse, einen Klecks Marmelade, 1 Joghurt, 2 Scheiben Wurst oder nichts.

Abends: Brot, Margarine und entweder Wurst, Käse, Quark, Ölsardinen bzw. Hering in Gelee oder mal eine Suppe.

Das ist an sich recht gut, aber zum einen ist es total öde, weil man ja jeweils immer nur einen Aufschnitt hat, und zum anderen ist das zwar alles sehr hygienisch in Plastik abgepackt, aber es schmeckt auch genauso steril, wie es aussieht.

Mittags ist das Essen recht abwechslungsreich und gut (..denkt man die ersten vier Monate jedenfalls , danach legt sich die Begeisterung); vielleicht etwas besser als in der Mensa. (Es gibt etwa 15 Standardgerichte, die sich immer wiederholen; Fraß-Rotation. Montags Kohltag, Mittwochs Nudeltag, Donnerstag Reistag, Freitag Fisch, Sonnabend Eintopf. Zu *allem* gibt es die deutsche braune Einheitssoße, literweise.) Aber natürlich sind die Kartoffeln oder Nudeln aus dem großen Kübel immer etwas

(etwas!) zermatscht usw., das ist an sich nicht sehr schlimm, nur wenn man *nie* mal ein richtig schön und knackig gekochtes (und gewürztes!) oder gebratenes Essen hat, dann geht es einem mit der Zeit doch ziemlich auf die Nerven. Genauso ist es mit der Eß-Situation: Man schlingt es hier in seiner Zelle hinunter und sehnt sich nach einer Tischdecke, Porzellan (statt einer nach Abwasch stinkenden Alu-,,Menü-Platte") und Kommunikation. Was habe ich z.B. davon, wenn ich hier einen Neckermann-Plastikkuchen allein auffresse? Einen verdorbenen Magen!

Ich würde tatsächlich mit schlechterem Essen zufrieden sein, wenn ich dafür nicht allein essen müßte. (Der Speisesaal in der Strafhaft ist natürlich eigentlich noch schlimmer, nur ist das halt nicht die Alternative.)

Praktisch ist es so, daß ich den ganzen Tag über Zigarettenrauchend, Patiencenlegend, Zeitschriftendurchblätternd dasitze und warte, weil ,,ja doch gleich Hofgang, Essensausgabe oder was auch immer" ist. Es lohnt sich einfach nicht, für 20 Minuten die Stiefel auszuziehen, sich hinzulegen und was zu lesen, wenn man ja doch gleich wieder damit aufhören muß. Das ist sehr zermürbend. Genauso ist es mit dem Mittagsschlaf, den ich an sich brauchte. Wenn es um 12 Uhr Essen gibt, werden gegen 13 Uhr die Menü-Platten wieder eingesammelt, und um 13.30 Uhr ist dann Freizeit oder Hofgang. Schlafen kann man da nicht. Was soll man aber sonst — satt und müde — mit bzw. in diesen 1 1/2 Stunden machen? Rumsitzen, sich langweilen, traurig sein, rauchen, Patiencen runterblättern. Verstärkt wird das noch dadurch, daß man bezüglich des Hofgangs nie weiß, zu welcher Uhrzeit er stattfindet. Bis Anfang 77 wurde morgens gegen 8 Uhr noch durchgerufen, zu welchen Zeiten die einzelnen Stationen Hofgang haben, das ist jetzt aber entfallen; wohl aus ,,Sicherheitsgründen". Sicher ist nur, daß er entweder zwischen 8.00 Uhr und 11.00 Uhr oder zwischen 13.00 Uhr und 15.00 Uhr beginnt.

Wocheneinteilung

Montag: Duschen und bei Bedarf Friseur (Sonntags meldet man sich dafür)
Dienstag: Büchertausch (Bestell-Listen), Arzt
Mittwoch: Zellenputz, Einkauf, Zahnarzt
Donnerstag: Duschen, Arzt
Freitag: —/—
Sonnabend: —/—
Sonntag: Kirche

Normale Besuchstage sind Montag, Dienstag, Donnerstag und Freitag von 9 - 11 Uhr (wer nach 11 kommt, wird zurückgeschickt). LKA-Besuchstag ist mittwochs. (Das betrifft aber praktisch nur die politischen Gefangenen. Deren Besuche werden alle von denselben LKA-Typen überwacht, die auch die Ermittlungen gegen sie führen.)

Zellenkontrollen

Diese finden meistens (ziemlich oberflächlich) in der Abwesenheit (also z. B. während der RA-Besuche, während des Hofgangs) statt. Bei besonderen

Anlässen gibt es hin und wieder mal eine regelrechte Razzia, wo dann alles total gefilzt wird. Link ist daran besonders, daß man weiß, daß jederzeit *alles* durchwühlt werden kann (und wird), ohne daß man es in der Regel überhaupt mitbekommt. (Ein Argument für handgeschriebene Briefe; denn die haben die Grünen keine Zeit zu lesen.) Natürlich kann es aber auch zu jeder Tages- oder Nachtzeit passieren, daß die Tür aufgeht und eine Horde Grüner reinkommt, um alles (einschließlich meines Körpers) zu filzen und alle schriftlichen Sachen erstmal mitzunehmen. (Das war zuletzt im August 76 der Fall, liegt jetzt also mal wieder in der Luft.)

Beruhigungszelle (Arrest)

Die B-Zelle ist etwas größer als eine normale Zelle, rechteckig und türkisfarben gestrichen. Man ist dort sowohl visuell als auch auditiv vollständig isoliert (keine Fenster, das Fenster ist zugemauert; von draußen sind allerdings Glasbausteine davor, so daß der Eindruck eines Fensters entsteht). Die Belüftung erfolgt durch einen sehr lauten Ventilator, der ebenso wie die Neonröhre zwischen den Türen und dem Zwischengitter angebracht ist, so daß der Gefangene sie nicht beschädigen kann. Einzige Einrichtung ist ein Bett, das aus einem Betonklotz besteht, auf dem ein Holzbrett festgeschraubt ist, worauf 2 Decken liegen (nachts!). Das Klo ist nur ein in den Boden eingelassenes Loch mit einem Abzug. Sonst gibt es dort nichts.

Wenn man —z. B. wegen Randalierens oder wegen eines Selbstmordversuchs, der nicht geglückt ist — für einen Zeitraum von ca. 1 Woche dorthin kommt, darf man sich *nichts* (außer einer Bibel, theoretisch jedenfalls, praktisch wird dem Pfarrer jedoch sogar untersagt, den Gefangenen dort zu sehen) mitnehmen, weder Tabak noch Stift und Papier oder Lesematerial.

Wenn man sich dort dann nach maximal 14 Tagen immer noch nicht beruhigt hat, wird man nach Kassel in die Gummizelle verfrachtet (unbegrenzt).

In die B-Zelle kommt man automatisch, wenn man einen Grünen angefallen oder seine Zelle kaputtgeschlagen hat. Dies geschieht im Monat pro Station (60 Mann) vielleicht einmal. Es gibt auf der Hälfte der Stationen je eine B-Zelle, im Keller und im 1. Stock noch diverse Reserve-Zellen. Seit 2 Jahren ungefähr steigt die B-Zellen-Frequentierung ständig, während die Benutzung früher die Ausnahme war, sind sie jetzt praktisch permanent belegt.

Die Behandlung in der B-Zelle reicht von einfach eine Nacht nach dort verlegen, ohne größere Beschränkungen, bis zu 14-tägigen Aufenthalten mit ständiger Fesselung der Hände auf dem Rücken, die nur zum essen gelockert werden. Auch Dunkelhaft wird durchgeführt, indem mal „aus Versehen" das Licht ausgeschaltet wird in der fensterlosen Zelle. Die Regel ist das allerdings (noch) nicht.

Randale/Bambule

Randale nannt man es, wenn ein Knacki durchdreht und seine gesamte Zelleneinrichtung kurz und klein schlägt. Die Anlässe für derartige Aktionen sind meist ziemlich lächerlich; z.B. weil einer Kopf- oder Zahnschmerzen hat und trotz Betätigung der Notrufanlage nicht sofort eine Tablette bekommt (was die Regel ist). Der Grund dafür ist aber die verzweifelte Einsamkeit in der Zelle, die Unmöglichkeit, sich jemandem mitzuteilen etc. Da wird dann aus dem unterbewußten Bedürfnis nach einem Menschen, der sich um einen kümmert, vollkommen irrational entweder die Zelle zerschlagen oder „geschnippelt" (Selbstverstümmelung ohne „ernste" Suizidabsicht); das dürfte auf derselben Ebene wie das In-die-Hose-Machen von an sich längst sauberen Kindern liegen, die sich von der Mutter vernachlässigt fühlen. Diese Randalen werden in der Regel von sozialen Gefangenen (Fixer, gescheiterte Kleinbürger) veranstaltet (dasselbe gilt für die Schnippeleien). Die Reaktionen der Mitgefangenen pendeln zwischen Ärger („Ruhe!") und Belustigung über die willkommene Ablenkung vom eigenen Elend („Zugabe!"). Die Grünen machen erstmal überhaupt nichts und kommen erst, wenn der Typ sich ausgetobt hat. Die meisten gehen dann widerstandslos mit in die B-Zelle. Wenn das nicht der Fall ist, kommt ein Rollkommando (setzt sich zusammen aus den jeweils im Knast anwesenden Stationsgrünen und Verfügern sowie den Sanis; Gummiknüppel obligatorisch) und schleift den Betreffenden in die B-Zelle.

Bambule nennt man es, wenn eine ganze Station oder gar der ganze Knast Radau macht. (Z.B. gegen die Türen schlagen, massenweise Zellen zerschlagen, brennende Sachen aus dem Fenster werfen, Wasser in die Zelle und durch die Türritzen fließen lassen und dgl.) So etwas geschieht sehr selten und nur in der Folge von allgemeinen Restriktionen, z.B. Kürzung der Freizeit, Nichtübertragung eines großen Fußballspiels usw. In solchen Fällen unternehmen die Grünen erstmal gar nichts und versuchen lediglich, die Hauptakteure zu lokalisieren. Wenn dann nach einiger Zeit der Dampf raus ist, werden diese von Rollkommandos abgeholt und in die B-Zellen bzw. andere Knäste verschleppt. Aber das geschieht sehr selten, zumal in U-Knästen, wo sich die Gefangenen infolge der Fluktuation kaum kennen. (Die sog. „Mini-Unruhen" hier im Knast waren so ein Beispiel: Im November 75 werden die Freizeit etc. drastisch eingeschränkt, die Gefangenen nehmen es erstmal hin oder beschweren sich; im Mai, die Beschwerden sind sämtlich abgeschmettert, die Gefangenen spüren seit ein paar Monaten die Iso-Folgen und die meisten kennen noch den Vor-Zustand und können das vergleichen, außerdem läßt der Frühling sein blaues Band flattern, da ergreifen drei Leute die Initiative und überreden ein Dutzend andere, mit ihnen nach dem Hofgang nicht wieder reinzugehen. Allein dadurch, daß irgendwas los war, wurden viele animiert, mal probeweise gegen die Tür zu trommeln etc., das pflanzte sich langsam fort und ergriff schließlich ein Drittel der Insassen, die jetzt ganze Frustration durch die Einschränkungen rauslassen konnten und rund um die Uhr Bambule machten (allerdings nur sehr sanft und fast ohne größere Sachschäden, nur ca. 10 - 20 Zellen waren kaputt). Weil kein Mensch länger als drei oder vier Tage schreien kann, ebbte das ganze dann ab und die Gefangenen, die für den Knast am unbequemsten waren (auch wenn sie nichts mit der Bambule zu tun hatten), wurden in andere Knäste verschleppt, was 2 Fliegen mit einer Klappe schlug. Einmal setzte Angst ein, und zum anderen war kritisches Potential beseitigt, das die Grundlage für solche Bambulen bilden kann. Ein Drittel der Gefangenen hat sich beteiligt, ein Drittel hat sich wohlwollend neutral verhalten und das letzte Drittel (bestehend aus Hausarbeitern und Reaktionären) war gegen die Aktion. Ein halbes Jahr später wußten 80% der Insassen schon nichts mehr davon, weil sie erst nach den Ereignissen in den Knast gekommen sind, und heute erinnern sich höchstens noch einzelne hier daran, die alle schon ein paar Jahre sitzen. Irgendwelche Folgen hat es sichtbar nicht gehabt; die Gefangenen, die dabei waren, werden es als ganz witzige Erinnerung und erneute Niederlage gegen den Knast in Erinnerung behalten. Nur die Linken denken noch heute, daß dieser Knast ein Hort der Revolte ist; das ist aber in gewisser Weise jeder Knast und schon immer, es gab auch schon immer solche kurzfristigen Explosionen (Ventil!), in denen die Gefangenen Dampf abgelassen haben.

Verwaltungsstruktur

Jede Station hat einen verantwortlichen Stationsbeamten (2 Schichten; nachts laufen nur Patrouillen herum). Der Stationsbeamte macht ausschließlich die normalen Verrichtungen: Aufschluß zur Essensausgabe, Hofgang, Freizeit, Duschen. Wenn jemand zum RA, Besuch, Prozeß, Kammer, Arzt oder sonstwohin vorgeführt werden soll, bringt ihn der Stationsbeamte an das Zwischengitter vor den Fahrstühlen. Dort wird der Gefangene dann vom Verfüger abgeholt.

Für jeweils drei Stationen gibt es einen Bereichsleiter (Feldwebel etwa), der z.B. bei plötzlichem Ausfall eines Stationsbeamten mal einspringt und hin und wieder kleinere Probleme löst (z.B. formuliert er – so er Lust hat – für Ausländer die Anliegen etc.), sowie die Zustellungen der Staatsanwaltschaften und Gerichte zu den Gefangenen bringt. Ein besserer Briefträger also, der meist allerdings nur mit gerunzelter Stirn irgendwo rumsteht. (Geschaffen wurden diese Posten vor ca. 2 Jahren, wahrscheinlich um die Hierarchie-Probleme zu lösen, ein paar neue Posten mit Bezeichnung und ohne Kompetenz zu schaffen für langgediente Knast-Grüne. Eine Funktion haben diese Typen eigentlich überhaupt nicht, es sei denn, man bezeichnet das Sortieren und Weiterleiten der Anliegen als Funktion.)

Für alle größeren Probleme sind die Aufsichtsdienstleiter, der Vollzugsleiter oder der Anstaltsleiter zuständig. Der Aufsichtsdienstleiter ist zugleich Sicherheitsinspektor und für das nie stattfindende Abhören verantwortlich (das ist hier ein ehemaliger StA aus der DDR). Der Mann trägt Zivil und bekleidet den Rang eines Majors etwa (nämlich des höchsten Linienoffiziers).

Alle Anliegen gehen erstmal an den Bereichsleiter, der sie dann in Fällen, die außerhalb des Normalen liegen, an die Anstaltsleitung weitergereicht werden. Die Anstaltsleitung läßt ihre Entscheidungen und Verfügungen in der Regel durch den Stationsbeamten oder den Bereichsleiter eröffnen.

Die Sozialabteilung (Fürsorger), die sich eigentlich auch um Dinge wie Wohnungsauflösung bei frisch verhafteten kümmern soll, ist hier

153

mit 1 1/2 Fürsorgern besetzt — bei ca. 900 ständig wechselnden Gefangenen, die zu 60% (offizielle Statistik) Ausländer sind, die kein oder fast kein Deutsch können. Mit anderen Worten: nicht mal der Routine-Kram kann geleistet werden. Schon das Einwechseln von Devisen geht wegen Arbeitsüberlastung nicht.

Der Psychologe existiert zwar, die Gefangenen kriegen ihn allerdings nie zu sehen. Er fühlt sich auch mehr für das seelische Wohlbefinden der geplagten Grünen zuständig.

Kalfaktoren/Hausarbeiter

Kalfaktoren werden „ordentliche" Gefangene (größtenteils Denunzianten, für die auch die 2-Monats-Frist außer Kraft gesetzt wird). Ihnen obliegt es, das Essen auszuteilen, die Flure zu wischen, bei Abgängen die Zelle zu putzen, Putzmaterial auszuteilen etc. Dafür bekommen sie 2,50 am Tag und werden nur nachts eingeschlossen; tagsüber können sie sich in den Spülzellen auf den Stationen aufhalten (auch das ist gegen die Anweisung vom Mai 76, die besagt, daß auch die Hausarbeiter sofort nach jeder Arbeit wieder in die Zelle eingeschlossen werden sollen). Der eigentliche Vorteil dieses „Vertrauenspostens" liegt aber darin, daß sie z.B. bei der Essensausgabe ihren Spezis die größten Stücke zuschustern können und dafür mit Süßigkeiten oder dgl. bezahlt werden. Auch können sie einem schon mal eine zerbrochene Tasse (die man sonst per Abbuchung vom Konto bezahlen muß) ersetzen. Das lassen sie sich natürlich reichlich vergüten. Auch wird ihnen von Leuten, die entlassen werden, meistens was vererbt, und das summiert sich in einem U-Knast ganz hübsch. Da diese Kalfaktoren meist schräge Vögel sind (sonst würden sie den Posten gar nicht bekommen), hauen sie unerfahrene Neulinge in der Regel auch schamlos übers Ohr, indem sie ihnen z.b. zwei Päckchen Tabak für eine Uhr eintauschen. Das geht besonders gut, weil die meisten Typen am Anfang ja nicht gleich Geld eingezahlt bekommen und infolge der Freizeitsperre völlig desorientiert sind. (Beim Hofgang finden insbesondere Neulinge nur sehr schwer Kontakt.)

Die Hausarbeiter-Plätze in der Bücherei, bei der Fürsorge, in den Büros der Knast-Verwaltung, sind die begehrtesten Plätze, die für die Gefangenen reserviert sind, die sich entweder am besten anpassen, oder aber gekauft werden müssen, weil sie sonst zu viel Papierkrieg veranstalten (und andere dazu anstiften).

Belegschaft

Ungefähr 60 % sind Ausländer, die in der Regel nur sehr schlecht deutsch können und vorwiegend aus südeuropäischen oder arabischen Ländern kommen. Insgesamt kann man die Belegschaft hier vielleicht in vier hierarchisierte Gruppen unterteilen:

— ganz unten stehen die „Penner", „Berber", „Kippensammler". Das sind deutsche Stadtstreicher, die hier größtenteils nur sehr kurz wegen Hausfriedensbruch, Ladendiebstahl u. dgl. einsitzen. Die werden allgemein verachtet und fast gar nicht beachtet. Im allgemeinen verhalten sie sich absolut unauffällig.

— etwas darüber stehen die sozialen Gefangenen. Das sind gescheiterte Existenzen, die praktisch aus Notwehr kriminell geworden sind. Z.B. Fixer, die Einbrüche begangen haben, um sich ihren Stoff eintauschen zu können, oder entwurzelte Gastarbeiter, die ihre Frustrationen und Aggressionen bei Kneipenschlägereien oder dgl. abreagiert haben, oder verkrachte Kleinbürger, die in ihrer Verzweiflung eine primitive. Scheckfälschung versucht haben. Aus dieser Gruppe rekrutieren sich die Selbstmörder und Typen, die (aus irrationaler Verzweiflung) ihre Zellen zerschlagen. Abgesehen von diesen Affekt-Ausbrüchen verhalten sich diese Leute ruhig und unauffällig, wenn man einmal von der manchmal ziemlich penetranten Schnorrerei absieht.

— die nächsthöhere Gruppe besteht aus den eigentlichen (Berufs-) Kriminellen. Man könnte sie vielleicht noch einmal unterteilen:
a) Die „Ganoven" (Einbrecher, Autoknacker, Betrüger, Straßenräuber)
b) Die „Verbrecher" (Zuhälter, mittelgroße Rauschgifthändler —
   also die mehr oder weniger organisierte Banden-Unterwelt aus Bahnhofscene etc.

Die Knackis aus dieser Gruppe (beide Abteilungen) sind ausgefuchste Typen, die meist schon mehrmals im Gefängnis waren, alle Tricks kennen und wissen, wie sie sich bei den Grünen, Bullen und StA einschmeicheln können. Meistens werden sie Kalfaktor und organisieren so ziemlich den gesamten Schwarzhandel (manchmal mit Hilfe einiger Sanis oder Grüner). Diese Typen führen hier das große Wort und machen ab und zu mal Putz; allerdings nur, wenn kein Grüner in der Nähe ist.

— Die im Ansehen (sowohl bei den Knackis als auch bei den Grünen) am höchsten stehende Gruppe setzt sich aus den sog. „Edel-Knackis" zusammen. Das sind internationale Schieber (Drogen, Autos, Wertgegenstände), Spekulanten, politische und große (Bank-)Räuber und ähnlich spektakuläre Einzelfälle. Meistens haben sie Abitur, sind polyglott und zum ersten Mal im Gefängnis. Obwohl sie höchstens 5 % der Belegschaft ausmachen, gehen mindestens 75 % der gesamten Post, Zeitungen, Geldüberweisungen etc. an diese Leute. Ähnlich verhält es sich mit den RA-Besuchen; während der normale Knacki vielleicht (!) einmal kurz vor seinem Prozeß von einem Pflichtverteidiger aufgesucht wird für ne Viertelstunde, bekommen diese „Edel-Knackis" ziemlich häufig RA-Besuche. In der Regel kennt man sowohl ihre Fälle als auch RAe aus der Zeitung. Sie sitzen meist für 1 bis 2 Jahre oder länger in U-Haft.

Diese Spezis von Gefangenen genießt bei den anderen Knackis meist großes Vertrauen, was sich darin äußert, daß man häufig um Dolmetscher-Dienste, Rechtsberatung, Formulierungshilfe und dgl. angegangen wird. Von den Grünen wird man mit „Herr" und „Sie" angeredet, was sonst nicht oder nur sporadisch der Fall ist. Das hat 2 Ursachen: Zum einen eine gewisse Bewunderung und zum anderen das Wissen der Grünen, daß der Typ sich infolge seiner intellektuellen Fähigkeiten, seiner RAe, Gutachter und Presse irgendwie wehren kann. Wenn der Sani z.B. mit uns die üblichen Linkereien macht, muß er damit rechnen, daß wir das dem

Gutachter erzählen, der es seinerseits wieder dem Arzt erzählt, der dann den Sani zur Sau macht.

Allerdings hängt diese bessere Behandlung der „Edel-Knackis" durch die Grünen auch zu einem großen Teil damit zusammen, daß erstere infolge ihres größeren Durchblicks sowie der Möglichkeit, ihre Situation zu reflektieren, die einfachen Grünen nicht anpöbeln und sich überhaupt „ordentlich" verhalten, den Grünen also keine unnütze, zusätzliche Arbeit bereiten.

Schließlich und endlich sind sie in der Regel wegen ihrer komplizierten Verfahren auch am längsten hier und den Grünen somit sehr gut bekannt.

Die Grünen

Meistens sind sie irgendwie verkrachte Existenzen und ziemlich bieder und dumm. Das ist auch ganz klar, weil ihr Job miserabel bezahlt wird und keinerlei soziales Ansehen genießt, anstrengend ist, ohne dabei jemals ein Erfolgserlebnis zu zeitigen. Im Gegenteil: sie werden ständig sowohl von den Knackis als auch von ihren Vorgesetzten angemacht. Diese Frustration versuchen sie dann dadurch zu kompensieren, daß sie — insbesondere gegenüber den in der Hierarchie niedrig stehenden Knackis — ihre Machtposition ausspielen, z.B. bei der Postverteilung oder wenn sie einen bei der Essensausgabe nur in vollständig angezogenem Zustand aus der Zelle lassen etc.

Regelrechter Sadismus kommt aber genauso selten vor wie ausgesprochene Freundlichkeit. Die meisten sind vollkommen indolent. Falls sie dadurch keinen Ärger bekommen, ist es ihnen gänzlich egal, ob sich einer aufhängt, entlassen wird oder durchdreht.

Grüne, die zu nachlässig, hektisch oder dumm sind, aber auch solche, die die Gefangenen zu nett behandeln oder mit ihnen zu viel reden, werden als Posten in die Wachtürme, als Führer oder zu Transportbegleitern relegiert.

Andere, die sich durch ein gewisses Organisationstalent oder langes Sitzfleisch o.ä. auszeichnen, rücken zu Kammerbullen oder gar Bereichsleitern auf. Es gibt da allerlei Ränge und Unterschiede.

Schlußbemerkung

Vorab sei bemerkt, daß sich all diese Angaben nur auf die U-Haftanstalten beziehen. In der Strafhaft, wo Arbeitszwang besteht, wo die JVA die Post zensiert, wo man kein Geld geschickt bekommen darf, wo sich die Leute infolge der langen Aufenthaltszeiten weitgehend kennen, wo es kaum Einzelzellen gibt usw., sind die Verhältnisse anders. Hinzu kommt, daß die Leute in der Strafhaft wissen, woran sie sind, daß sie wohl vorwiegend über die Entlassung und die Zeit danach reden, während sich hier die Gespräche um die Verhaftung und den Prozeß drehen. Trotzdem ist Knast aber letztlich immer Knast.

Was sind nun die Hauptprobleme?
- Die Situation des total hilflosen Ausgeliefertseins;
- die Unmöglichkeit, auch nur die klienste Entscheidung selbst treffen zu können;
- die ständige Entwürdigung und Demütigung;
- die absolute Sterilität der gesamten Atmosphäre;
- das fehlen jeglicher Glücks- und Erfolgserlebnisse;
- die innere und äußere Vereinsamung und Abstumpfung;
- das ständige Auf-der-Hut-sein-Müssen;
- die Unnachvollziehbarkeit von Lebenssituationen (man kann sich nicht mehr vorstellen, wie es in einem Kaufhaus, bei einem Fest, im Wald, im Bett mit einer Frau, im Garten mit Kindern ist; d.h. man kann es nicht mehr nachfühlen, es ist in der Vorstellung nur noch wie ein Illustriertenfoto, gestellt und tot);
- das Entstehen von Psychosen (infolge nicht-vorhandener Ablenkung und Relativierung;
- das Dahinschwinden jeglicher inneren Spannkraft, also daß man ständig müde, erschöpft und schlaff ist, obwohl man nichts getan hat;
- die zunehmende Unfähigkeit, sich auf irgendwas zu konzentrieren bzw. etwas zuende zu denken bzw. etwas intensiv zu machen (z.B. die Zeitung zu lesen, statt sie nur zu überfliegen).

Was verboten ist, das macht uns gerade scharf. Nachrichtensperren reizen unsere Neugierde. Ein Jahr nach dem „Deutschen Herbst" stellen wir unsere erste Nullnummer zur Diskussion:

DIE TAGESZEITUNG begreift sich im Spannungsfeld der heterogenen undogmatischen Linken. So wie sie durch Nachrichten, Recherchen

DIE TAGESZEITUNG

Uns interessieren die Machenschaften der „hohen Politik" in Bonn und anderswo. Aber unser Alltag ist zu wichtig, um ihn dem Schmierenjournalismus der Boulevardpresse zu überlassen. Nachrichten und Erzählungen, Berichte und Recherchen aus dem Kampf gegen die Vernichtung unserer Umwelt, aus dem Kampf der Geschlechter, aus Büro, Betrieb und Knast, aus der verlorenen Geschichte werden in der Tageszeitung ebenso zur Sprache kommen wie die Themen Gewalt und Sexualität, Gegenkultur und Drogen.

Bei uns kommen die Betroffenen zu Wort. Nicht nur die, die an uns schreiben, sondern auch die, die sich nicht an uns gewandt haben. Uns interessieren die Unterschiede: Frauen, „Gastarbeiter" und Schwule, Juden und Araber, Dissidenten und Vertriebene...
Hoffnungen, Phantasien und Mythen wollen wir ebenso sichtbar machen wie Diskriminierungen und Ghettoisierungen. Wir werden nicht alles in eine Dimension einschwören, nicht alles auf eine Ebene stellen, auch nicht auf den „Boden der Freiheitlich-Demokratischen Grundordnung" — es kommt uns vielmehr darauf an, Widersprüche, Gegensätze herauszulocken, bekanntzumachen, mit ihnen umgehen zu lernen.

und Bilder ihren Lesern Realität vermittelt, werden sich in ihr Entwicklungen und Brüche der autonomen, alternativen und Arbeiterbewegung wie der gesamten Linken reflektieren. Ihre Schwerpunkte werden sein:
Ökologie- und Alternativbewegung,
Frauen,
Betrieb und Gewerkschaft,
Internationales.
Und allen Kindern strecken wir hiermit die Zunge raus.

DIE TAGESZEITUNG begreift sich zugleich im Rahmen der internationalen Ansätze der Medienpolitik der ‚Neuen Linken'. Sie nimmt die Erfahrungen anderer linker Tageszeitungen wie LIBERATION und LOTTA CONTINUA auf und wird ständig mit ihnen zusammenarbeiten, Artikel austauschen und gemeinsame Korrespondenten haben.

Die Nullnummer der TAGESZEITUNG ist bereits erschienen und in allen Buchläden erhältlich oder zu bestellen bei:
Tageszeitungsinitiative
Hamburger Allee 45
6000 Frankfurt

Spendenaufruf

Die Tageszeitung soll vom ersten Tag an wirtschaftlich unabhängig sein und durch den Verkauf finanziert werden. Aus diesem Grund wird sie erst erscheinen, wenn 20.000 Exemplare fest abonniert sind. Auch wenn die Tageszeitung nicht den gleichen Seitenumfang wie bürgerliche Exemplare hat, werden wir einen vergleichsweise hohen Preis verlangen. Uns fehlen die Einnahmen aus dem Anzeigengeschäft als Hauptfinanzierungsquelle.

Aus diesen Gründen ist ein fester Abonnentenstamm ausserordentlich wichtig.

Es gibt die Möglichkeit, die Tageszeitung als Vierteljahresabonnement für DM 70,— oder als Halbjahresabonnement für DM 130,— zu bestellen.

Die Einzahlungen müssen auf das Konto beim Postscheckamt Berlin 1669-102 oder bei der Berliner Bank, 029 037 3300 erfolgen.
Dieses Konto ist bis zum täglichen Erscheinen gesperrt.

Ich abonniere **DIE TAGESZEITUNG** zum Preis von DM 70,— im voraus. Das Abonnement verlängert sich um jeweils drei Monate, wenn es nicht einen Monat vor Ablauf schriftlich gekündigt wird.

....
Name

....
Adresse

....
Datum u. Unterschrift

Verlag Association

Große Brunnenstraße 125
2000 Hamburg 50
Postfach 50 15 25
Telefon-Nr.: 39 32 45

Clara & Paul Thalmann
REVOLUTION FÜR DIE FREIHEIT
Stationen eines politischen Kampfes — Moskau/Madrid/Paris

Clara und Paul Thalmann erzählen keine modisch gewordenen Abenteuer: Ihr Bericht bleibt — allen spektakulären Ereignissen zum Trotz — nüchtern, ja beinahe gelassen. Hier handelt es sich allerdings um keine literarische Gelassenheit, sondern um die Gelassenheit von Revolutionären, die fünfzig Jahre westeuropäischer Revolutionsgeschichte aktiv mitgemacht haben und bei allen Leiden und aller Enttäuschung sich und ihrem Ziel treu bleiben.   **398 S. DM 20,–**

Victor Serge
ERINNERUNGEN EINES REVOLUTIONÄRS 1901-1941

Victor Serge war radikaler Anarchist. Er schloß sich gerade darum den Bolschewiki an, da diese als einzige revolutionäre Organisation konsequent ihre sozialistischen Zielvorstellungen in Praxis umzusetzen versuchten. Er kämpfte dann innerhalb der Partei gegen die Fraktion, die danach sogar den revolutionären Anspruch zu liquidieren und sich als privilegierte Herrschaftskaste über aller Arbeiter und Bauern (Produzenten) zu etablieren. Von dieser stalinschen Reaktion wurde Serge 1933 zu Deportation verurteilt. Nur durch die Solidarität seiner französischen Freunde entging Serge dem allgemeinen Schicksal der meisten aufrechten Revolutionäre im stalinschen Sowjetrußland.

Volin
DIE UNBEKANNTE REVOLUTION

Volin hat aktiv an den wichtigsten Momenten der Russischen Revolution teilgenommen: Er war bei der Bildung des ersten Sowjet in Petrograd dabei und nahm an den Kämpfen der Machnowina teil, bis diese erste revolutionäre Volksarmee von den Bolschewiki verraten, entwaffnet und zerschlagen wird. Von der Tscheka 1921 verhaftet, verdankt er sein Leben der Intervention von europäischen Gewerkschaftlern (und Victor Serge).
Wo Trotzki und andere beteiligte Historiker der Russischen Revolution immer bemüht sein mußten, Anspruch und Wirklichkeit vermittels Ideologie zusammenzufügen, tritt Volin persönlich und mit seinen Anschauungen vor den Ereignissen zurück. Insofern ist Volins dreibändiges Werk, das die Entwicklung der Russischen Revolution von 1825 - 1921 umfaßt, eine wichtige Ergänzung zu allen bestehenden Dokumenten.